AF666682

# Apokalyptische Steine nach Plinius und heute

Rudolf Gerber

Herstellung: Books on Demand GmbH
ISBN 3-8311-3503-7

## Apokalyptische Steine nach Plinius und heute

## Die Farben apokalyptischer Steine nach Plinius

Zur Einführung
Der Mythologie nach stammen die Edelsteine aus dem Kaukasus.(s 17)
Den höchsten Wert unter den Gütern der Menschen, nicht nur unter den Edelsteinen, hat der Diamand (*adamas*), lange Zeit nur Königen und auch unter ihnen nur wenigen bekannt. So wurde ein Goldknoten (*auri nodus*) genannt, der sich nur sehr selten in Bergwerken fand als Begleiter des Goldes und sich nur im Gold zu bilden schien.
Sechs Arten sind bekannt.(s 47)
Der indische, der nicht im Gold entsteht und eine gewisse Verwandtschaft mit dem Bergkristall hat,weil er sich ja sowohl in der durchscheinenden Farbe als auch durch die Glätte der sechseckigen Seiten nicht von ihm unterscheidet; er ist worüber wir uns noch mehr wundern müssen, an den beiden entgegengesetzten Seiten kegelförmig [Oktaeder] zugespitzt,als ob zwei Kegel[Pyramiden] an ihren Grundflächen miteinander verbunden wären.Er kommt in der Größe eines Haselnusskerns vor.
Der arabische Diamant ist dem indischen ähnlich, nur kleiner und auf ähnliche Weise entstanden. Die übrigen haben die Bläue des Silbers und bilden sich nur im allerfeinsten Golde.(s 49)
Man erkennt die Diamanten auf dem Amboss,da sie die Schläge so zurückstoßen, dass das Eisen nach beiden Seiten auseinanderfährt und der Amboss selbst zerspringt; ihre Härte ist unbeschreiblich und zugleich haben sie eine Widerstandskraft dem Feuer gegenüber und erwärmen sich niemals, woher sie auch den Namen erhalten haben (er bedeutet im Griechischen, unbezwingbare Kraft).
Einen der Diamanten nennt man *kendos*, von der Größe eines Hirsekorns,einen anderen *Makedonier*,der sich in den Goldminen von Philippoi findet; dieser kommt an Größe einem Gurkenkern gleich.
Nächst diesen ist ein Diamand zu nennen,der in Zypern gefunden wird und der *zyprische* heißt; er neigt zur Farbe des Kupfers. Nach diesem kommt der *siderites*, der den Glanz des Eisens hat, die übrigen im Gewicht übertrifft, ihnen in seiner Eigenschaft aber nicht ähnlich ist; denn er kann durch Schläge zerbrechen und mit einem anderen Diamant durchbohrt werden, was auch beim zyprischen möglich ist; kurz gesagt, sie haben als Abarten nur das Ansehen des Namens.(s 51) Die Sage, Bocksblut sprenge den Diamanten, hat Plinius übernommen.
Wenn es glücklich gelungen ist, einen Diamanten zu sprengen, zerbricht er in viele kleine Splitter,dass man sie kaum erkennen kann.Diese werden von Steinschneidern gesucht und in Eisen gefasst und es

gibt keine harte Substanz,die man damit nicht leicht durchbohren kann. Der Diamant befindet sich mit dem Magnetstein in solcher Feindschaft, dass er, neben ihn gelegt, das Eisen nicht wegziehen lässt oder, wenn der in die Nähe gebrachte Magnetstein es ergriffen hat,es an sich reißt und wieder wegnimmt.(s 51)
Metrodoros aus Skepsis ist, soweit ich die Literatur kenne, der einzige der sagt, dass der Diamant in Germanien auf derselben Insel Basilia, auf der auch der Bernstein entsteht, vorkommt und dass er ihn dem arabischen vorzieht.(s 53)
Über den *kristall* (Bergkristall) schreibt Plinius, die die Farbe vom klaren Wasser haben.(s 33) Der Kristall wird durch eine heftigere Kälte verfestigt; man findet ihn wenigstens nur dort,wo die winterlichen Schneemassen am meisten erstarren und es ist sicher, dass er aus Eis besteht woher ihm die Griechen den Namen gegeben haben.(s 29)

Ergänzend muss gesagt werden:
Der Diamant ist kristallisierter Kohlenstoff, was erst seit dem 18. Jahrhundert bekannt ist. In einer Sauerstoffatmosphäre über 800° erhitzt, verbrennt er zu Kohlendioxid. Hoher Stickstoffgehalt kann als Einzelatome Gitterplätze des Kohlenstoffs einnehmen und die Gelbfärbung verursachen, Stickstoffarme bewirken eine braune Farbe. Spuren von Bor 0,25ppm(Anteile in Million) führen zu Halbleitereigenschaften und einer blauen Färbung. (extraLapis No.18, 2000, S 32)
Die angebliche Antipathie gegen den Magnetstein trifft natürlich nicht zu. Beim sogenannten zyprischen Diamanten handelt es sich wahrscheinlich um Analcim $Na[AlSi_2O_6] \times H_2O$; siderites ist wohl Eisenspat $FeCO_3$ oder Pyrit $FeS_2$.

Bei Kristall ist der Bergkristall gemeint oder der Quarz, $SiO_2$, der nicht aus Eis besteht, wie man in der Antike glaubte. Der Orient liefert ihn auch als Flussspat = $CaF_2$.
Als nächste Preisklasse bilden bei uns die indischen und arabischen Perlen (*margaritae)*, über die wir im neunten Buch bei den Wassertieren gesprochen haben.(s 53)

Nach diesen Vorbemerkungen ist es angebracht die apokalyptischen Steine in der biblichen Reihenfolge darzulegen,um dann das gestellte Thema übersichtlicher bearbeiten zu können.
Zugrunde liegt C. Plinii Secundi Naturalis Historiae Libri XXXVII (C.Plinius Secundus der Ältere Naturkunde Lateinisch-deutsch) König Roderich / Hopp Joachim, 1994. Mit Seitenzahl angegeben(s n)

# 1. Farben apokalyptischer Steine nach Plinius

## 1.1. Kein Jaspis, sondern Nephrit

Grün und oft durchscheindend ist der Jaspis (iaspis); auch wenn er von vielen anderen Steinen übertroffen wird, behauptet er doch sein altes Ansehen. Sehr viele Völker tragen ihn; in Indien ist er dem Smaragd ähnlich, auf Zypern hart und von einem fettartigen Grau,in Persien ähneld er der Farbe der Luft, weshalb man ihn *aérizusa* nennt; dieselbe Beschaffenheit hat auch der kaspische. Bläulich ist der Jaspis in der Nähe des Flusses Thermodon, purpurrot in Phrygien, bläulich purpurrot in Kappadokien,aber trübe und nicht glänzend.Amisos liefert einen dem indischen Jaspis ähnlichen Stein, Kalchedon einen trüben. (s 85)
Die beste Art ist die,welche etwas vom Purpurrot, die zweite,die etwas von der Rose, die dritte,die etwys vom Smaragd hat. Jedem einzelnen haben die Griechen nach ihrer Besonderheit eigene Namen gegeben; ein vierter wird bei ihnen *boreia* genannt, der dem Himmel an einem Herbstmorgen ähnlich ist;dieser Stein wird jener sein,welcher *aérizusa* genannt wird. Einer ist auch dem Sarder ähnlich, ferner einer, der die Farbe der Veilchen nachahmt. Nicht weniger zahlreich sind die übrigen Arten, die aber alle den Fehler haben, dass sie hellblau, entweder dem Kristall oder den Pflaumen ähnlich sind, ebenso der terpentinfarbene Jaspis, nach meiner Meinung mit einem unpassenden Beinamen,da er wie aus vielen Edelsteinen dieser Art zusammengesetzt ist.Daher werden bessere Arten in eine kastenförmige Fassung eingeschlossen, damit sie an beiden Seiten offen sind und das Gold die Ränder umfasst. Ein Fehler an ihnen ist der schwache und nicht weitreichende \`Glanz´, auch das\`Salzkorn´und alle auch an den übrigen Edelsteinen vorkommenden Mängel. Sie werden auch aus Glas nachgemacht, was aber dadurch offenbar wird,dass diese Imitate ihren Glanz nach außen verbreiten und nicht in sich festhalten. Die übrigen Arten heißen Sphragiden (*sphragides)*, eine allgemeine Bezeichnung, die man nur diesen Steinen gibt weil sie die besten Siegelabdrücke geben.(s 87)
Jaspis (der Name ist orientalischen Ursprungs): Um welchen Stein es sich bein antiken Jaspis handel ist ungewiss.Nach Hans Lüschen(s 243f) hat man an den Chrysopras oder auch an den Nephrit gedacht. Andere an den Chalcedon und seine als Plasma bezeichnete Varietät.(s 173) Es mag auch der *Cyanos* selbst genannt werden, da dieser Name kurz vorher wegen seiner blauen Farbe auch dem Jaspis beigelegt war.(s 87) Wahrscheinlich ist der Azurit, ein basisches Kupfercarbonat, $Cu_3[OH\ CO_3]_2$,gemeint. Man hat auch an den Lasurstein gedacht.(s 174)

## 1.2. Statt Saphir, Lapis lazuli

In griechisch σαπφειροσ (Diosk.V.139) wird als Fremdwort aus dem Osten angesehen. Sanskrit sani - priyam (von sani, das ist dem Planeten Saturn, geliebt.) Bei andern liegt babylonisches sipru ritzend zugrunde. (Lippmann III S.40) Hebräisch =sappir. Lateinisch = sapphirus(Plin. 37,120 u.ö). In der Vulgata Ex $24_{10}$ u.ö. Mittellateinisch meist saphirus.

Der antike Stein war nicht unser heutiger Stein,sondern der Lasurstein [Lapislazuli (Lapis)]. Chrarkteristisch für diesen sind Undurchsichtigkeit bei tiefem Blau und Einschlüsse von goldigschimmerndem Pyrit.

Auch die Saphire (Sappheiros) sind blau, und es ist selten, dass sie ins Purpurrote spielen. Die besten findet man bei den Medern; sie sind jedoch niemals durchscheinend. Außerdem sind sie zum Schneiden nicht verwendbar, da sie mit kristallinen Körnern durchsetzt sind. Die dunkelblauen unter ihnen gelten als die `männlichen´.(S 87)

Theophrast (23) nennt den Saphir "gleichsam goldgesprenkelt" und Plinius(37,119 f.) sagt, Saphire seien blau, selten wie mit Purpur und hätten glänzende goldene Punkte. Die besten aus Medien seien nie durchsichtig. Er ist undurchsichtig, tiefblau mit Einschlüssen von goldschimmerndem Pyrit (Dioskur V.139)

Außerdem kommt der Saphir in der Beschreibung des neuen Jerusalem(Jes $54_{11}$;Tob $13_{16}$;2 Q 24 Fr.3.2.2) und auch in der Theophanie vor(Ex $24_{10}$; Ez $1_{26}$; $10_{1}$; äth.Hen $18_{8}$)

Eindeutig erkennbar ist der heutige Saphir in dem arabischen Zweig der Überlieferung, der in fast allen mittelalterlichen Lapidarien aufweisbar ist. Hier hat er seinen alten griechischen Namen Hyazinth umgeformt zu arabisch Jkut, mittelalterlich iacintus, deutsch Jachant o.ä.Damit hat der Lasurstein seinen Namen an den Saphir abgegeben.

Solange man die Bestandteile des Saphirs (wie Rubins) nicht kannte, waren die Mineralogen wegen seiner Einordnung in Verlegenheit. Man hat ihn zusammen mit Diamanten und anderen Edelsteinen in eine Gruppe Glasartige Steine oder in die Gruppe Kieselarten eingeordnet. Erst Klaproth entdeckte, dass Saphir (wie Rubin) wesentlich Tonerde ($Al_2O_3$) ist. (1800. Karsten S. 72)

Der Saphir ist einer der bedeutungsschweren Steinnamen. Er galt von je her und gilt noch heute zur Bezeichnung der schönsten Bläue,vor allem des Himmels.

Die Bilder des Alten Testamentes waren der Ausgangspunkt einer langen Reihe christlicher Allegorien, mannigfachster Art. Heinrich von Mügeln besingt die zwölfsternige Krone Mariens, wo jeder Stein eine Tugend bedeutet. Dante nennt Maria den schönen Saphir.(Himmel 23, 101 f.)

1.3. Chalcedon wird zum Granat

Das Wort ist abgeleitet vom Namen einer griechischen Stadt am Eingang des Bosporus. (καλχηδϖν)

Der heute so genannte Chalzedon ist mit dieser Stadt nicht in Zusammenhang zu bringen. Es haben sich hierbei zwei Überlieferungen, eine an Kalchedon und eine andere an Karchedon (Karthago) angeknüpft und miteinander vermischt.

Plinius hat eine calchedonische Smaragd - Varietät(37,72) und einen carchedonischen Carbunculus(37,92ff.).Während von dem calchedonischen Smaragd in der Folgezeit nicht weiter die Rede ist, hat der carchedonische Carbunculus große Bedeutung erlangt.(S 59; 71ff)

Wie alle Carbunculus - Arten ist er feurigrot. Die carchedonischen Carbunculi, so heißt es aber, hätten etwas Schwärzliches im Aussehen. Im Schein des Feuers oder der Sonne funkelten sie außerordentlich. Das kann auf unseren Granat zutreffen, Nordafrikanische Granatfundstätten sind allerdings nicht bekannt.

Dieser Stein ging in die Überlieferung ein, wobei aber die Namen Calchedon und Carchedon verwechselt wurden.Die Vulgata hat die Lesarten calchedonis und carchedonis. Die Schreibung mit l wurde im Mittelalter die vorherrschende. Dieser Chalzedon, auch der in der Offenbarung(Offb. 22,19) genannte, war also feurigrot. Er hat gar keine Ähnlichkeit mit unserem Chalzedon. In der Antike war die rote Chalcedon-Gemme die meist benutzte. (Lüschen Hans, Die Namen der Steine, 1979² S 195)

Mit Albertus Magnus(1200-1280) beginnt eine Reihe von Beschreibungen, die gar nicht mehr auf den antiken Carbunculus Carchedonius passen, wohl aber auf unseren Chalzedon bezogen werden können.

Chalzedon ist jetzt der umfassende Begriff für mikrokristalline Quarze Die Färbung ist mannigfaltig je nach den färbenden Beimengungen. Einige dadurch entstehende Abarten haben eigene Namen: Karneol, rot oder rötlich; Sarder, braun bis fast schwarz;Plasma, grün; Heliotrop dunkelgrün mit roten Flecken; Chrysopras, apfelgrün.

Chalzedon im engeren Sinn ist alles übrige. Es handelt sich meist um lichte Farbtöne. "Er hat nur einen geringen Grad der Durchsichtigkeit, wie Milch, die mit Wasser verdünnt ist, oder wie wenn man durch einen Nebel sieht; er spielt auch immer in die weisse oder graue Farbe".

(1777. Gmelin I S.561) In den jüdischen Schriften findet er kaum Erwähnung.
(Unyong Sim, Das himmliche Jerusalem, 1996, S 108)

Für Plinius ist carbunculus Sammelbezeichnung für mehrere rote Edelsteine.(s 167) Den ersten Rang behaupten die Karfunkel (*carbunculus*), so genannt wegen ihrer Ähnlichkeit mit dem Kohlenfeuer, während sie selbst gegen Feuer unempfindlich sind und deshalb von manchen die \`Unverbrennlichen´(*akoustoi*)genannt werden.Arten von ihnen sind die indischen und garamantischen,die man wegen des großen Reichtums von Groß-Karthago auch die karchedonischen nennt.(s 71)
Man fügt noch die äthiopischen und alabandischen hinzu,die zu Orthosia in Karien vorkommen, aber in Alabanda bearbeitet werden. Außerdem werden bei jeder Art von lebhafteren die \`männlichen´ und die schwächer glänzenden die \`weiblichen´ genannt. Bei den männlichen beachtet man auch hellere oder solche von dunklerem Feuer und solche, die aus der Tiefe leuchten und mehr als die übrigen in der Sonne funkeln; die besten sind aber die amethystfarbenen, das heißt diejenigen, deren Feuer am Rand in das Violett des Amethysts übergeht; als nächste kommen die sogenannten syrtitai,die wie der Glanz eines Gefieders strahlen; man finde sie vor allem im Widerschein der Sonne. Satyros sagt, die indischen seien nicht klar, meistens schmutzig und immer von kümmerlichem Glanz, die äthiopischen aber seien fett und leuchteten,da sie das Licht nicht zerstreuen,mit einem von innen kommenden Feuer. Kallistratos sagt, der Glanz des Karfunkels müsse weiß sein, so dass er, wenn man ihn hinlege, andere, die von ferne trüb erscheinen, durch die Glut seines Leuchtens aufblitzen lasse - manche haben ihn deshalb den weißen Karfunkel und denjenigen,welcher schwächer leuchtet, den ´rauchfarbenen´genannt -; die karchedonischen seien viel kleiner, während die indischen, wenn man sie aushöhlt, sogar einen *sextarius* fassen können. Archelaos berichte, dass die karchedonischen von dunklerem Aussehen seien, aber am Feuer oder in der Sonne und beim Drehen stärker zum Leuchten angeregt würden als die übrigen; sie erschienen unter einem schattigen Dach purpurfarben, unter freiem Himmel flammend,glitzerten,wenn man sie gegen die Strahlen der Sonne halte und wenn man mit ihnen siegle, schmelze das Wachs sogar im Schatten. Viele haben geschrieben, die indischen seien weißer als die karchedonischen und sie würden im Gegensatz zu diesen beim Drehen matt; dazu leuchte bei den männlichen karchedonischen im Innern ein Stern,die weiblichen hingegen ergössen ihren gesamten Glanz nach außen und die alabandischen seien dunkler als die übrigen und auch rauh. In der Nähe von Milet kommen im Boden Karfunkel von der gleichen Farbe vor, die völlig unempfindlich gegen Feuer sind.(s 73)

Theophrastos berichtet, dass man sie auch zu Orchomenos in Arkadien und auf Chios finde; jen von Orchomenos seien aber dunkler und man fertige auch Spiegel aus ihnen; es gebe auch bunte Karfunkel von Troízen mit eingesprengten weißen Flecken, ebenso solche von Korinth, die aber blasser seien als der weiße Stein; ferner importiere man sie auch aus Massilia.Bocchos schrieb,dass man sie auch im Gebiet von Olisipo ausgrabe, unter großer Mühe wegen des von der Sonne ausgedörrten Lehmbodens.
Nichts ist schwieriger als diese Arten der Karfunkel zu unterscheiden; so groß ist bei ihnen die Gelegenheit für die Kunst, dass sie, auf Unterlagen befestigt,gezwungen werden, diese durchschwinen zu lassen. Man sagt, die schwächeren würden, wenn man sie 14 Tage in Essig beize, schimmern und dieser Glanz halte dann ebenso viele Monate vor. Man macht sie am täuschendsten aus Glas nach,erkennt sie aber, wie die anderen Edelsteine, mit dem Wetzstein; die falschen sind nämlich im Material weicher und zerbrechlichDie körnigen erkennt man mit dem Wetzstein und am Gewicht, das bei den gläsernen geringer ist, manchmal auch an ihren silbrig glänzenden Bläschen.(s 75)
Es gibt auch den sogenannten *Anthracites* (*anthrakites*), den man in Thesprotien ausgräbt; er ist den Kohlen ähnlich. Meiner Meinung nach ist es aber falsch,dass er,wie einige behauptet haben, auch in Ligurien vorkomme, es sei denn, er müsste vielleicht damals dort vorgekommen sein. Man sagt, es gebe unter diesen Edelsteinen auch solche, die von einer weißen Ader durchzogen sind. Die Farbe dieser *anthrakitai* ist feurig, wie die der oben genannten Steine; sie haben aber die Besonderheit, dass sie beim Berühren gleichsam wie abgestorben verlöschen, wenn man sie dagegen mit Wasser übergießt,wieder aufleuchten.
Verwandt mit den Karfunkeln ist auch der *sandastros*, den einige den garamantischen nennen. Er kommt in Indien an dem Ort gleichen Namens vor. Er entsteht auch im südlichen Teil Arabiens. Er empfiehlt sich vor allem dadurch, dass sein Feuer gleichsam im durchsichtigen Innern mit sternförmigen goldenen Tropfen glänzt, immer im Körper selbst, nie an der Oberfläche. Hinzu kommt noch die religiöse Auffassung,er sei mit den Sternen verwandt,weil sie in der Regel mit Sternen in der Anordnung und der Zahl der Plejaden und Hyaden und der Zahl besetzt sind, weshalb sie die Chaldäer bei ihren religiösen Zeremonien verwenden. Auch hier unterscheiden sich die \`männlichen´ durch einen tieferen Farbton und eine gewisse Stärke, die daneben gelegten Dingen Färbung verleihen; man sagt sogar, dass die indischen auch den Blick schwächen.(s 75)

Bei den `weiblichen´ sei das Feuer lieblicher, mehr leuchtend als lodernd. Einige ziehen die arabischen den indischen vor und sagen,jene seien dem rauchfarbenen Chrysolith ähnlich. Ismenias bestreite, dass sich der *sandastros* wegen seiner Zartheit schleifen lasse und deshalb sei er auch teuer. Manche nennen ihn auch *sandrisites*. Alle sind sich darüber einig, dass mit steigender Zahl der Sterne auch der Preis steige. Zuweilen gibt sie Ähnlichkeit der Bezeichnung *sanderesos* mit anderen Namen Anlass zu Verwirrung: Nikandros nennt ihn *sandasereios*, andere nennen ihn *sandaresos*, manche aber diesen *sandastros*, jenen *sandaresos*, auch dieser komme in Indien vor und bewahre den Namen seiner Herkunft; er habe die Farbe eines Apfels oder von grünem Öl und werde von allen verworfen.(s 77)
Zur gleichen Art der feurigen Edelsteine gehört die *Lychnis*, so genannt nach dem Leuchten der Lampen, weil sie da besonders schön erscheint. Sie kommt aus der Gegend von Orthosia, aus ganz Karien und den benachbarten Gegenden, die am meisten geschätzte aber aus Indien. Manche haben gesagt, sie sei ein matterer Karfunkel und der Güte nach gebe es eine zweite, welche den sogenannten Jupiterblumen ähnlich sei. Ich finde auch noch andere Abarten: eine, die wie Purpur, eine andere, die wie Scharlach strahlt; durch die Sonne erwärmt oder durch Reiben mit den Fingern soll sie Spreu und Papyrusschnitzel an sich ziehen.Dasselbe soll auch der karchedonische Stein tun, obwohl er viel geringer ist als die vorher genannten Steine. Er kommt bei den Nasamonen in den Bergen vor und entsteht, wie die Bewohner glauben, aus göttlichem Regen. Man findet diese Steine beim Widerschein des Mondes, ganz besonders bei Vollmond; früher brachte man sie nach Karthago. Archlaos berichtet, sie kämen auch in Ägypten, in der Nähe von Theben vor, sie seien zerbrechlich, voll Adern und einer verlöschenden Kohle ähnlich. Ich finde, dass man aus diesem Stein und aus den *lychnis* Trinkgefäße hergestellt hat; aber alle diese Arten widerstehen härtnäckig dem Schneiden und halten einen Teil des Wachses am Siegel fest.(s 77)
Unter Karfunkel dürfte vor allem der Rubin verstanden werden.Es handelt sich bei ihm um eine rote Varietät des Korunds, $Al_2O_3$, der gegen Feuer unempfindlich ist (aber dennoch geschmolzen werden kann). Es kommen aber auch noch in Frage aus der Granat-Reihe der Pyrop, $Mg_3Al_2 [SiO_4]_3$ und der Almandin, $Fe_3Al_2 [SiO_4]_3$.
*die garamantischen*: Gemeint ist das Gebiet der Garamanten in Nordafrika.
*die karchedonischen*: aus Karthago.

Granat (extraLapis No.9, 1995, S 66 ff)

Jeder kennt ihn, den Edelstein mit den teils sanften, teils glühenden Rottönen. In der Angebotspalette an erschwinglichen Steinen spielt der rote Granat immer noch eine wichtige Rolle, auch wenn der üppig mit böhmischen Granaten besetzte Trachtenschmuck ein wenig aus der Mode gekommen ist. Doch wer außer Archäologen und Kunstgeschichtlern weiß, dass der rote Granat in Europa schon lange vor dem böhmischen Schmuck des 19. Jahrhunderts Furore machte, nämlich in der Zeit des frühen Mittelalters?

Granatum malum, Anthrax und Carbunculus

Andere Granate haben nie diesen Stellenwert besessen,obwohl die kräftig-grünen Tsavorite aus Afrika und die russischen Demantoide einiges Renomé erlangten. Der klassische Granat ist und bleibt der rote.

Sein Name stammt denn auch von den Farben des "granatum malum", dem Granatapfel mit seinen purpurnen Blüten und dem prächtig roten Fruchtfleisch, das in einzelne Körner gegliedert ist (lateinisch granum heißt Kern, Korn). Das Wort "Granat" wurde erst im Mittelalter geprägt - was die Frage aufwirft, wie er denn früher genannt wurde. Wie bei vielen anderen Edelsteinen wird sich auch dieser Name auf die Farbe beziehen.Die Farbe eines Steines ist noch vor der Form sein hervorstechendstes Merkmal und wir müssen uns bewusst machen, dass sie vor allem für den antiken Menschen die wichtigste Eigenschaft eines Minerals war. Eine mineralogische Systematik nach chemischen Gesichtspunkten und ähnlichen modernen Kriterien war damals unbekannt. Steine, die sich ihrem äußeren Anschein nach nur wenig unterscheiden, konnte man mit damaligen Mitteln nicht weiter differenzieren.

Wie etwa unterscheidet man Kristallbruchstücke oder rundlich geschliffene Steine, die alle rot und durchsichtig sind? Neben Granat und Rubin gab es in der Antike auch die rote Zirkonvarietät Hyazinth und den roten Edelspinell. Ganz einfach: Man formte einen Sammelbegriff. Alle durchsichtigen roten Edelsteine nannt man im alten Latein "Carbunculus",was "kleine Kohle" bedeutet.

Wer schon einmal einen böhmischen Granat gegen das Licht betrachtet hat, weiß, was gemeint ist: Er scheint aus sich heraus zu glimmen. "Carbunculus" ist eine Übersetzung aus dem Griechischen, wo"anthrax" die gleiche Bedeutung besaß. Schließlich wurde aus Carbunculus unser heutiger "Karfunkel" der Märchen und Sagen, über dessen wundersame Eigenschaften noch zu berichten sein wird. Doch zurück zur Antike.

Von Plinius zu Albertus: Differenzierung des Carbunculus

Plinius der Ältere bietet in seiner "Naturgeschichte" einen Überblick übe
den naturwissenschaftlichen Kenntnisstand vor 2000 Jahren.Seine Kon
pilation griechischer, arabischer und östlicher Quellen erweist sich a
umso wertvoller, als viele der von ihm zitierten Originalwerke verscholle
sind.

Unter den roten Edelsteinen nannte Plinius "Carbunculus" den wertvoll
sten; er urteilte je nach Farbtiefen, Glanz und Herkunft verschiedener A
ten: carbunculus indicus, carchedonius, alabandicus, garamanticus, ur
andere, die wie er selbst schreibt, nur schwer zu unterscheiden sind. B
züglich der Herkunft im Mittelmeerraum berief sich Plinius auf verschie
dene Autoren. Von Alabanda in Kleinasien bis Olisipio(Lissabon) im W
sten, Karthago im Süden und Massilia an den nördlichen Gestaden de
Mittelmeeres reicht die Palette. Dabei handelt es sich nach heutigem E
kenntnisstand eher um antike Umschlagplätze für Rohsteine und ander
Waren oder um alte Schleifzentren als um die tatsächlichen Fundort
Diese sind uns durch direkte archäologische Zeugnisse leider nicht b
kannt. Hier besteht noch ein enormer Forschungsbedarf, was die Au
wertung antiker Quellen und geologischer Gegebenheiten angeht.

Eine eindeutige Zuordnung unserer heutigen roten Edelsteine zu der
verschiedenen Carbunculus-Qualitäten des Plinius ist jedenfalls schwie
rig. Granat spielte schon wegen seiner leichteren Verfügbarkeit neben
Rubin, Spinell und Hyazinth sicherlich die wichtigste Rolle; doch lässt
sich manches überlieferte Wehklagen über extreme Schwierigkeiten in
der Steinbearbeitung dadurch erklären,dass wohl ein Rubin vorlag.Härte

Viele Jahrhunderte nach Plinius erwähnte Albertus Magnus(1193-1280)
der große Gelehrte des Mittelalters, in seiner Schrift "Liber Mineralium"

das Auftreten von drei Unterarten des Carbunculus: Balagius, Granatus
und Rubinus. Inwieweit der Scholastiker mit diesen drei Spezies schon
unsere "jetzigen"Spinell-, Granat- und Rubinkristalle vor sich hatte, läss
sich nur schwer entscheiden.

Immerhin: Albertus entscheidet sich dafür, dass es der Rubin sei,"qui vere dicitur carbunculus", der wirklich Karfunkel genannt wird, er zeigt die wunderbare Kraft des Steines in Vollkommenheit.Eine gute Diskussion der Karfunkel-Frage findet man übrigens in Hans Lüschens Buch "Die Namen der Steine" auf Seite 247. Für unser Thema, ist es auch sekundär, ob Karfunkel mineralogisch gesehen nun Rubin,Granat oder etwas anderes sei. Sicher ist jedenfalls, dass auch unser Granat als Karfunkel bezeichnet wurde und reichlich Verwendung fand.

1.4. Smaragd wechselt zu Malachit, Serpentin

Der dritte Rang gebührt aus mehreren Gründen Smaragden (smaragdos), da ja der Anblick keiner Farbe angenehmer ist; denn wir betrachten auch leidenschaftlich grüne Pflanzen und Laub, die Smaragde um so lieber, weil es überhaupt nichts Grüneres gibt als sie. Außerdem sind sie die einzigen Edelsteine, die beim Anblick die Augen erfüllen und nicht übersättigen.Ja,auch von einer anderen Anstrengung erholt sich die Sehkraft durch den Anblick eines Smaragds,und den Steinschneidern ist keine andere Erholung für die Augen angenehmer: so lindern sie durch ihr angenehmes Grün die Müdigkeit. Außerdem erscheinen sie, aus der Ferne gesehen, größer, indem sie die ringsum sie reflektierte Luft färben,werden nicht durch die Sonne,nicht durch den Schatten und nicht durch Licht verändert, sind immer kaum merklich strahlend und gestatten dank ihrer Durchsichtigkeit den Blick bis ins Innere, eine Eigenschaft, die uns auch am Wasser gefällt. Meistens sind sie konkav, sodass sie die Sehstrahlen sammeln; deshalb werden sie nach einer Übereinkunft der Menschen geschont, und es ist untersagt, sie zu schneiden.(53)

Allerdings ist die Härte der skythischen (gemeint sind wohl die Smaragde aus dem Ural)(s 159)und ägyptischen Smaragde so groß,dass es unmöglich ist, sie zu verletzen.

Es gibt zwölf Arten von Smaragden.Am edelsten sind die skythischen, die von dem Volk, bei dem sie gefunden werden, ihren Namen haben. Keine andere Art hat eine dunklere Färbung und weniger Fehler; wie sich die Smaragde von den Edelsteinen abheben so hebt sich der skythische von den übrigen Smaragden ab. Den nächsten Ruhm genießen, wie auch durch ihren Fundort, die baktrianischen(Afghanistan);man sagt, sie würden, wenn die Etesien wehen, in Felsspalten gesammelt; denn sie blitzen dann aus dem freigelegten Erdreich, weil durch diese Winde die Sandmassen am meisten bewegt werden; sie sollen aber viel kleiner sein als die skythischen.Den dritten Rang haben die ägyptischen; sie werden in der Nähe von Koptos(am Obernil), einer Stadt der Thebaís, von ausgehöhlten Hügeln ans Tageslicht gebracht.(s 55)

Die übrigen Arten von Smaragden werden in Kupfergruben gefunden, weshalb dei kyprischen unter ihnen den ersten Rang einnehmen. Ihre Besonderheit besteht in einer klaren, nicht blassen, sondern satten, feucht wirkenden Farbe, die, wo man sie auch ansieht, die Durchsichtigkeit des Meeres nachahmt, so dass ihr Grün gleichmäßig durchscheint und schimmert, das heißt die Farbe ausstrahlt und den Blick auf sich zieht.(s 55)

Die kalchedonischen Smaragde sind verschwunden,seitdem sich dort die Kupferbergwerke erschöpft haben; sie waren jedoch immer die schlechtesten und kleinsten, dazu zerbrechlich von unbestimmter Farbe,ähnlich den Federn an den Schwänzen der grünen Pfauen und am Halse der Tauben, je nach Wendung mehr oder weniger leuchtend, auch voll von Adern und schuppig. Ein besonderer Fehler an ihnen war auch das sogenannte *sarkion*, das ist eine Art Fleisch am Edelstein.(S 59)

Zu den Smaragden zählt man auch den sogenannten *tanos*, einen Edelstein, der aus Persien kommt; er ist unangenehm grün und im Innern schmutzig, ebenso den Malachit (*chalkosmaragdos*) aus Zypern, der durch kupferartige Adern getrübt ist.
Die medischen Smaragde(im nordwestlichen Iran)(S 161);bei diesen handelt es sich um verschiedenfarbige Malachite (basisches Kupferkarbonat, $Cu_2[(OH)_2 CO_3]$. Wenn ihr an sich grüner Farbon nach Blau spielt, so ähnelt ihre Farbe der des Saphir, einer Varietät des Korunds, $Al_2O_3$, bzw.des Lapis lazuli oder Lasurits,eines kompliziert zusammengesetzten Silikats.(S 161)

Die genaue Ableitung des Wortes Smaragd ist ungeklärt. Im Ägyptischen bezeichnet mafek oder mafek-en-ma einen grünen Stein. Im Arabischen zumurrud bzw. zamurrud,im Hebräischen baret im Syrisch borko. Über die Zeit der ersten Smaragde im Lande der Pharaonen um 1900 oder 1500 v. Chr. oder z. Zt. Kleopatras (1.Jahrh. v. Chr.) streiten sich die Gelehrten. In den Veden (1200 v. Chr.), den alten heiligen Schriften der Inder, werden Smaragde und ihre heilsame Wirkungen beschrieben. (Behmenburg Christa, Beryll und Smaragd, extraLapis No. 21, 2001, S 4ff)

Eigenschaften grüner Steine

| | H | SG | n | Doppelbrechung |
|---|---|---|---|---|
| Smaragd | 7½ | 2,71 | 1,58 und 1,57 | -0,006 |
| Turmalin | 7 | 3,05 | 1,64 und 1,62 | -0,018 |
| Flußspat | 4 | 3,18 | 1,43 | keine |
| Grossular | 7½ | 3,64 | 1,74 | keine |
| Beryll-Glas | 7 | 2,49 | 1,52 | keine |
| grünes Glas | 5½ | 4,25 | 1,70 | keine |

1.5. Sardonyx wird als Sarder bezeichnet

Nach Demostratos war aber der ältere Africanus der erste unter den Römern, der einen Sardonyx verwendete, und daher genießt dieser Edelstein bei den Römern Ansehen; deshalb werden wir ihm auch den nächsten Rang einräumen.

Einst erkannte man die Sardonyxe (*sardonyches*), wie aus dem Namen selbst hervorgeht, an dem weißen Anteil, der auf dem Sarder (*sarda*) liegt wie der Nagel des Menschen auf dem Fleisch,und beide Schichten sind durchscheinend; derart sind nach Ismenia, Demostratos, Zenothemis und Sotakos die indischen beschaffen; die beiden letzteren Autoren nennen alle übrigen,nicht durchsichtigen,`blinde´.Diejenigen, die heute den Namen an sich genommen haben, ohne eine Spur der indischen Sarder zu enthalten, sind arabische; man begann, diese Edelsteine an mehreren Farben zu erkennen: an dem dunklen oder das Himmelblau nachahmenden Grund und am Nabel,der dem Zinnober ähnelt, umgeben von einer weißen, fettähnlichen Masse, nicht ohne eine gewisse Andeutung von Purpurfarbe dort,wo die Weiße in Zinnober übergeht. Zenothemis schreibt, diese Sardonyxe seien bei den Indern nicht angesehen, andererseits aber von solcher Größe, dass sie daraus Schwertgriffe verfertigen - bekanntlich werden sie dort von den Gießbächen freigelegt -, und dass sie in unserem Erdteil Gefallen zu erregen begannen,weil sie nahezu als einzige der geschnittenen Steine das Siegelwachs nicht mit sich fortnehmen. Sodann haben wir die Inder überredet, auch an ihnen Freude zu empfinden. Das Volk trägt sie durchbohrt am Halse; daran erkennt man jetzt die indischen Sardonyxe. Die arabischen zeichnen sich durch ihre Weiße aus, durch ihren sehr hellen und nicht schmalen Kreis,welcher nicht in der Vertiefung oder der Kante des Edelsteins glänzt, sondern an den erhabenen Rundungen selbst schimmert, und außerdem auf einem Untergrund von sehr dunkler Farbe. Dieser Untergrund findet sich an den indischen Sardonyxen im Himmelblau oder Hornfarben. Ebenso haben sie einen hellen Kreis, der bei ihnen dem Regenbogen ähnelt, aber die Oberfläche erscheint rötlich wie die Schalen der Langusten. Denn die honig- oder hefefarbigen - dies ist nämlich die Bezeichnung für einen Fehler -lehnt man ab,oder wenn der weiße Gürtel sich verläuft und sich nicht zusammenschließt; auf ähnliche Weise schätzt man es nicht,wenn er von einer anderen Farbe etwas unregelmäßig in sich aufnimmt; man liebt es nicht, wenn seine Grundfarbe durch etwas Fremdes gestört wird. Es gibt auch armenische Steine, die im übrigen geschätzt werden,aber einen blassen Gürtel haben.(S 69)

Sardonyxe sind heute helle und dunkel gebänderte Achate.(S 166)

1.6. Sardion erhält den Namen Karneol

In der Antike verstand man unter Sardonyx einen schwarz-weiß gebänderten Onyx, der auch noch die rote Farbe des Sarders, ein rötlicher Chalzedon, auch Karneol genannt.(s 166)

Er ist ein allbekannter Stein und wurde zuerst zu Sardes gefunden;der am meisten geschätzte kommt jedoch aus der Gegend von Babylon. Wenn dort gewisse Steinbüche eröffnet werden, findet man die Steine gleich wie ein Herz am Gestein hängend. Man sagt, dieses Bergwerk bei den Persern sei erschöpft; aber man findet diese Steine an mehreren anderen Orten,wie auf Paros und in Assos. In Indien gibt es drei Arten:rote und solche,die man wegen ihrer festen Beschaffenheit *pioniae* nennt und eine dritte Art, die mit Silberplättchen unterlegt wird. Die indischen Sarder sind durchscheinend, die arabischen dichter. Man findet sie auch in der Gegend von Leukas in Epeiros und in Ägypten; sie werden mit Goldplättchen unterlegt. Aber auch bei ihnen glänzen die \`männlichen´ lebhafter, die \`weiblichen´ sind matter und schimmern trüber. Kein anderer Stein wurde bei den Alten häufiger verwendet - jedenfalls prunken die Komödien bei Menander und Philemon mit ihm -, und es gibt keinen durchscheinenden Edelstein, der , wenn er durch Feuchtigkeit benetzt wird, langsamer matt wird, und zwar mehr durch Öl als durch irgendeine andere Flüssigkeit. Man verwirft die honigfarbenen unter ihnen und noch mehr die ziegelfarbenen.(s 79)

Sarder (sarda):Der Name leitet sich wahrscheinlich vom persischen sard = gelbrot ab und hat demnach nichts mit dem Ort Sardes zu tun.(s 170)

Unter dem Sarder der Antike ist wohl ein rötlicher Chalcedon (mikrokristalliner Quarz) zu verstehen.

Bei den drei Arten bereitet eine Identifizierung Schwierigkeiten: der Sarder ist, wie gesagt, gelb bzw. braunrot, der Sardonyx ist braun, der das Braunrot des Sarders mit dem Weiß des Onyx verbindet. Es kommt auch noch der Karneol, ein rötlicher Chalcedon, in Betracht. Sehr wahrscheinlich kamen viele Steine aus Indien.(s 170)

Sard: weiße Schicht in gebänderten Chalcedonen, die im allgemeinen dicht und somit nicht einfärbbar sind.

Sarder: rotbrauner bis brauner Chalcedon.

Karneol: roter Chalcedon. (Henn Ulrich, Edelsteinkundliches Fachwörterbuch, 2001)

1.7. Chrysolith bleibt Olivin

Äthiopien liefert die mit goldenem Glanz durchscheinenden Chrysolithe (*chrysolythoi*). Man zieht diesen die indischen vor, und wenn sie nicht verschiedenfarbig sind, die tibarenischen (Südküste des Pontos); bei den erwähnten Steinen dürfte es sich um Zitrin, einen gelben Quarz ($SiO_2$ mit geringen Anteilen von Eisen), handeln.(S 176)

Die schlechtesten aber sind die arabischen, weil sie trüb und bunt sind; ihr Glanz ist durch nebelige Flecken gestört; auch die klaren,die man gelegentlich findet, sind gleichsam wie mit Feilspänen erfüllt.(S 91)

Die besten sind diejenigen,die beim Zusammenbringen mit Gold dieses hell machen und dazu zwingen, einen Silberschein anzunehmen. Man fasst diese so,dass sie durchsichtig bleiben,in eine kastenartige Form, die anderen unterlegt man mit Messing.

Obschon als Edelstein bereits außer Gebrauch gekommen, nennt man einige von ihnen *chryselektroi*,weil sie zur Farbe des Bernsteins neigen, aber nur, wenn man sie am Morgen ansieht. Die pontischen erkennt man an ihrem geringen Gewicht. Einige sind hart und rot,einige weich und schmutzig. Bocchus berichtete, man finde sie auch in Spanien und zwar an dem Ort, wo man,wie er sagte, zum Ausgraben von Kristall Brunnenschächte bis zum Wasserspiegel hinabgetrieben hat; auch habe er einen Chrysolith von zwölf Pfund Gewicht gesehen. Es bilden sich auch Leukochryse(*leukochrysoi*), bei denen gleichsam reiner Honig wie durch Gold schimmert. Sie kommen aus Indien und sind, obgleich wegen ihrer Härte zerbrechlich, nicht unbeliebt. Aus demselben Indien kommt auch der Xuthos (*xuthos*), den man dort als Edelstein für das einfache Volk verwendet.

Unter den weißen Edelsteinen steht der *paideros* obenan, obgleich man sich fragen kann,zu welcher Farbe man ihn rechnen soll,da sein Name so oft anderen schönen Steinen gegeben wurde, und zwar so sehr, dass aus dem Wort eine Bezeichnung schlechthin wurde. Es gibt aber auch eine eigene Art, die einer so hohen Erwartung würdig ist; es vereinigen sich nämlich in ihr zu einem durchscheinenden Kristall ein eigenartig luftiges Grün, ein Purpurrot und ein Glanz wie von goldenem Wein, der zuletzt in den Blick fällt, aber immer und von Purpur umkränzt ist.Er scheint von diesen einzelnen Farben und zugleich allen zusammen getränkt zu sein; kein anderer Edelstein kann klarer und für die Augen von so lieblicher Anmut sein. Am meisten lobt man den indischen, den man *sangenon* heißt, als nächster kommt der aus Ägypten, wo er *syenites* genannt wird, der dritte aus Arabien, der aber rauh ist, dann der pontische, der weniger lebhaft strahlt, der thasische, ebenfalls schwächer, und der galatische,u.a.(S 93)

1.8. Beryll bleibt der gleiche

Für viele scheinen die Berylle (*berylloi*) dieselbe oder wenigstens eine ähnliche Beschaffenheit wie die Smaragde zu haben.Indien bringt sie hervor, anderswo werden sie selten gefunden. Sie werden alle durch den Erfindungsgeist der Künstler in sechseckiger Gestalt geschliffen, weil die Farbe, die durch unansehnliche Gleichheit stumpf ist, dank des Widerscheins der Winkel eine Belebung erfährt; anders geschliffene sind ohne Glanz. Die beliebtesten unter ihnen sind diejenigen, die das Grün des reinen Meeres nachahmen, dann folgen die sogenannten Goldberylle (*chrysoberylloi*), die ein wenig blasser sind, aber einen in Goldfarbe übergehenden Glanz aufweisen. Eine ihnen nahestehende Art, aber blasser, wurde von manchen für eine eigene Art gehalten und Chrysopras (*chrysoprassos*) genannt.(S 61)

Es wurde bereits gesagt, dass der Smaragd eine Varietät des Berylls ist. Der Beryll gehört dem hexagonalen Kristallsystem an. Er hat verschiedene Namen, z. B. Aquamarin (*das Grün des reinen Meeres nachahmend*), dessen Färbung meergrün bis blau ist. Eine grünlichgelbe bis gelbe Varietät des Beryll heißt Heliodor. Die Bezeichnung Goldberyll ist heut kaum mehr gebräuchlich.(S 163)

Beryll (Behmenburg Christa, extraLapis No.21, 2001, S 4/9)

Wie bei Opal und Saphir stammen die Namen Beryll und Smaragd ursprünglich aus dem alten Indien. Ihre wahre Bedeutung verliert sich allerdings im Dunkel der Geschichte.

Beryll hängt vielleicht mit der alten Handelsstadt "Belur" zusammen. Eine Spur läuft über das Wort für"Perle"; Im Altindischen heißt sie veluriya, im Sanskrit vaidura. Diese Bezeichnung wurde im Laufe langer Zeit ganz allgemein auf "Kristall" ausgedehnt. Wegen der Verwandtschaft von"v"und "w"zu"b"änderte sich dieses Wort auf seinem Weg in den Westen:Über das chaldäische birla,arabisch ballur oder billuar, bulur, das griechische beryllos und römische berullus bzw. beryllus fand der "Beryll" schließlich Eingang in unsere Sprache.

In Frankreich wurde aus diesem Wort sogar das Verb für "glänzen": briller. Um 1820 erschien den Parisern ihre Welt unübertrefflich schön, und das damalige Modewort brillant griff bald auf Deutschland über. Weitere Entwicklungen stellen die "Brillantine" dar sowie die glitzernde"Brillanten",welche zarte Ohrläppchen und ausladende Décolletés verschönerten. Vom Beryll stammt übrigens auch die "Brille" ab.

1.9. Topas wird zum Olivin (Peridot)

Auch noch heute besitzt der Topas (*topazos*) ein vorzügliches Ansehen; er gehört zu den grünen Edelsteinen und wurde, sobald man ihn entdeckt hatte, allen anderen Steinen vorgezogen. Der Zufall wollte es, dass trogodytische Seeräuber auf einer Insel Arabiens, Cytis genannt, kamen und dort,von Hunger und Sturm ermüdet,beim Graben nach Kräutern und Wurzeln einen Topas zu Tage förderten; dies ist die Ansicht des Archelaos. Juba sagt, eine Insel namens Topazos liege im Roten Meer, 300 Stadien vom Festland entfernt; sie sei in Nebel gehüllt und müsse daher öfters von den Seefahrern gesucht werden; aus diesem Grund habe sie ihren Namen erhalten, denn *topazin* bedeutet in der Sprache der Trogodyten `suchen'; ferner sagt Juba, von dort sei zum ersten Mal von dem Präfekten Philo für die Königin Berenike,die Mutter Prolemaios II.,ein Topas eingeführt worden; dieser habe dem König außerordentlich gefallen und man habe daraus ein Standbild der Arsinoé, der Gattin des Ptolomaíos, von 4 Ellen Höhe gemacht und es in einem Heiligtum geweiht, das man Arsinoeíon nannt.

Die neuesten Schriftsteller sagen, der Topas komme auch in der Gegend der Stadt Alabastron in der Thebaís vor;sie unterscheiden zwei Arten, den *prasoídes* und den *chrysopteros*, der dem Chrysopras ähnlich ist.Die ganze Ähnlichkeit geht nämlich in Richtung der Farbe des Lauchsaftes. Der Topas ist der größte unter den Edelsteinen. Er ist der einzige Edelstein, den die Feile angreift, die übrigen werden mit dem Stein Naxos und mit Wetzsteinen geschliffen; er nützt sich auch durch den Gebrauch ab.

Ihm steht eher durch Ähnlichkeit als durch das Ansehen der Stein *Callaína* (*kallaína*) nahe, der von blaßgrüner Farbe ist. Er kommt im Hinterland von Indien vor bei den auf dem Kaukasus wohnenden Völkern, bei den Hyrkanern,Sakern und Dahern;er ist von ansehnlichem Umfang, aber porös und verunreinigt; viel reiner und vorzüglicher ist er in Karmanien,an beiden Orten aber auf unzugänglichen, vereisten Felsen, wo er sich in der Gestalt eines Auges hervorhebt und nur leicht und nicht angewachsen an den Felsen hängt, sondern nur wie daran gesetzt erscheint. Deshalb steigen die Reitervölker, zu träge um zu laufen, ungern hinauf, zumal auch die Gefahr abschreckt; daher zielen sie von fern mit Schleudern nach ihnen und schießen die Steine mit dem ganzen Moos herunter. Die *Callaina* gilt als Abgabe, als Schmuck um den Hals und ist auch an den Fingern sehr geschätzt; daher kommt der Reichtum der Reitervölker, darauf beruht das Ansehen derer, die die Anzahl von Edelsteinen angeben, die sie

seit ihrer Kindheit heruntergeschossen haben; das Glück ist darin unterschiedlich, dass manche schon beim ersten Wurf sehr schöne, viele bis ins Greisenalter keine Steine in ihren Besitz brachten;so verhält es sich mit der Jagd auf die *Callaina*. Durch Schneiden erhalten sie dann ihre Form; sie lassen sich übrigens leicht bearbeiten.Die besten haben die Farbe des Smaragds; jedoch ist sichtlich das Fremdartige an ihnen das, was Gefallen erregt. Wenn man sie in Gold fasst, werden sie schöner und kein anderer Stein harmoniert besser mit dem Gold. Die schöneren von ihnen verlieren durch Öl, Salbe, auch durch unvermischten Wein ihre Farbe;die weniger geschätzten behalten sie beständiger und kein anderer Stein lässt sich von Betrügern leichter imitieren. Manche geben an, man finde die *Callaina* in Arabien in Nesterns von Vögeln, die man *melankoryphoi* nennt.(s 79-83)
Plinius spricht von einem *grünen* Edelstein,während der heute als Topas bezeichnete Stein -ein fluorhaltiges Aluminiumsilikat, $Al_2[F_2\ SiO_4]$- gelb ist. *Juba* ist wahrscheinlich die St. Johannis-Insel (Zebirget) im Roten Meer, auch "Schlangeninsel" genannt.(s 171)
Die Größe des Topas von 4 Ellen = 1,776 m kann nicht zutreffen, da in einer solchen Größe dieser Stein nicht gefunden wird. Es handelt sich wahrscheinlich um eine Varietät des Olivin $(Mg,Fe)_2[SiO_4]$, die den Namen Peridot führt.Nahe verwandt ist der Chrysolith,der auf der bereits genannten St. Johannis - Insel im Roten Meer gefunden wird. Plinius nennt wohl zwei Arten: wahrscheinlich grüne bzw. gelbgrüne Varietäten des Peridots. *prasoides*, der "lauchähnliche" Stein (griech. prason = Lauch); *chrysopteros,* der "mit goldenen Flügeln (Federn)" versehene Stein.(s 171)
*callaina* (*kallaína* = blau und grün schimmernd): gemeint ist der Türkis, ein wasserhaltiges Aluminiumphosphat mit geringen Anteilen an Kupfer, $CuAl_6[(OH)_2\ PO_4]_4 \times 4H_2O$. Der Türkis wurde schon auf der Halbinsel Sinai von den alten Ägyptern ausgebeutet. Berühmt waren die Gruben in Persien und Afghanistan.(s 172)
*melankoryphoi* ("Schwarzköpfe"): vielleicht die Sumpfmeise, Parus palustris.

Der "Gemmologe" D.B. Hoover schreibt im Jahre 1992: "Immer wenn man beginnt, sich mit der Geschichte der Edelsteine zu befassen, wird einem klar, wie wenig darüber eigentlich bekannt ist. Es stehen nur wenige, verlässliche Quellen zur Verfügung:Die Texte sind oft nur in unterschiedlichen Abschriften oder Übersetzungen zu haben, voll von Fehlern und Interpretationen. Auch ist es nahezu aussichtslos, historische Edelsteinnamen mit heutigen Mineralen in Verbindung zu bringen. Die Benennungskriterien sind zu unterschiedlich.
Nur eines ist ganz sicher: Mit "Topas" wurde in der Antike nicht unser Topas bezeichnet. Man kann es schon an der Farbe erkennen. Im Laufe der Zeit "wechselte" seine Farbe von Grün zu Gelb.
In ethymologischen Wörterbüchern erfährt man, dass Topas vom Mittellateinischen topazius stammt,das aus dem lateinischen Wort *topazus* und davor aus dem griechischen τοπαζιον abgeleitet ist.
Im ältesten bekanntenText über Steine,dem Steinbuch desTheophrastos von Eresos (372-287 v.Chr.), taucht das Wort nicht auf; allerdings ist das Buch nicht vollständig erhalten. Von Cornelius Alexander Polyhistor(1.Jahrh. v.Chr.)aber erfahren wir von einer Insel namens Topazios; er berichtet, dass man dort Steine in der Farbe von frischem Öl findet. Gemeint ist die Insel Zabarjad(dt. Seberget, engl. auch St. John Island) Im Roten Meer, wo Olivin vorkommt. Zabarjad heißt auf Arabisch Olivin.
Es gibt in der Antike für Topas auch die Farbe Gelb. Agatharchides schreibt um 130 v.Chr. "Im Roten Meer liegt die sogenannte Schlangeninsel; auf dieser findet sich ein durchsichtiger, glasartiger Stein von lieblicher Goldfarbe.Die Einwohner sammeln ihn auf königlichen Befehl".
Frederik Kunz(1913)fand heraus,dass Topas,der zweite Stein im Brustschild des Hohen Priesters, im Alt -Hebräischen *pitdah* heißt. Er vergleicht das Wort mit dem alten Sanskritwort *pita* für gelb und überlegt ob damit der Topas als gelber Stein bezeichnet wurde. Ein weiteres Sanskritwort könnte Pate für"Topas"gestanden haben: *tapas* für Glut oder Hitze, was auch auf Gelb hinweist. Gelb in den unterschiedlichsten Tönungen ist nun auch die "klassische" Topasfarbe. Grün oder Gelb, Olivin (Chrysolith) oder unser heutiger Topas:Beides kommt in der antiken Literatur vor -aber auf der Insel Topazios ist nie Topas gefunden worden, sondern Olivin!" (extraLapis, No.13,1997, S 6)

1.10. Chrysopras, grüner Stein mit goldenen Tropfen

Eine den Goldberyllen nahestehende Art, aber blasser, wurde von manchen für eine eigene Art gehalten und Chrysopras (*chrysoprasos*) genannt. Zum vierten Rang zählt man die hyazinthfarbenen, zum fünften die sogenannten luftfarbenen, darauf folgen die wachsfarbenen, dann die olivenfarbenen, das heißt ölfarbenen und schließlich dem Kristall ähnlichen.Diese haben fast stets Haare und Verunreinigungen, im übrigen verblassen sie, was man alles als Fehler bezeichnet.

Die Inder erfreuen sich merkwürdigerweise an der Länge der Berylle und erklären,sie seien die einzigen Edelsteine, die lieber nicht in Gold gefasst sein wollen; deshalb reihen sie die durchbohrten Edelsteine an Elefantenborsten auf. Man stimmt überein, dass man diejenigen, welche von vollkommener Güte sind, nicht durchbohren, sondern nur mit einer Fassung aus Gold versehen, die ihre Enden umschließt. Man fertigt aus ihnen daher lieber Steine von zylinderförmiger Gestalt als Ringsteine, weil sie sich vor allem durch ihre Länge empfehlen. Manche glauben auch, dass sie in der Regel in eckiger Gestalt entstehen und dass sie, wenn man sie durchbohrt,gefälliger werden,weil man dabei den weißen Kern herausnimmt und durch denWiderschein des Goldes ersetzt oder die dicke Schicht, die der Durchsichtigkeit hinderlich ist, im ganzen verkleinert. Außer den schon genannten Fehlern haben die Berylle nahezu dieselben wie die Smaragde, auch die 'Wölkchen'. Man glaubt, dass die Berylle zuweilen in unserem Erdteil rings ums Schwarze Meer gefunden werden. Die Inder haben nämlich auch die Erfindung gemacht, durch Färben von Kristall andere Edelsteine, aber insbesondere die Berylle, nachzuahmen.(s 62; 63)

Während Plinius den Chrysopras als dem Beryll nahestehend angibt, versteht man heute unter dieser Bezeichnung einen Quarz, der durch geringe Anteile von Nickelsilikat eine apfelgrüne Farbe hat.(s 163; 164)

*hyazinthfarben*: vgl. Isidorus, l.c.XVI 9,4; Solinus, l.c.52,63.

*luftfarben:* wohl soviel wie himmelblau bedeutend; vielleicht ein aquamarinähnlicher Stein.

*wachsfarben*:ein farblose bis weiße Varietät des Berylls ist unter dem Namen Goshenit bekannt.

*olivenfarbig*: vielleicht der Heliodor.

*dem Kristall ähnlich*: dem Bergkristall ($SiO_2$) ähnlich; wahrscheinlich ein farbloser Beryll.

*Stein von zylinderförmiger Gestalt*: Die Inder bevorzugten es offenbar, längliche Schmuckstücke, also keine Ringe oder dgl. aus Beryll herzustellen.

*den weißen Kern*: gemeint ist wohl einer der *genannten* Fehler.(s 164)

1.11. Hyazinth gibt den Namen an den Saphir
Sehr verschieden vom Amethyst ist der Hyazinth (*hyakinthos*), der allerdings in der Farbe nahe zu ihm neigt. Der Unterschied besteht darin,dass jener im Amethyst schimmernde violette Glanz im Hyazinth abgeschwächt ist und sich beim ersten Anblick nicht erfüllt, da er sie fast nicht trifft und schneller vergeht als die Blume gleichen Namens. Die Hyazinthsteine liefert Äthiopien und auch die mit goldenem Glanz durchscheinenden Chrysolithe (*chrysolithoi*).(s 91)
Hyazinth (*hyakinthos*): der aus dem Griechischen kommende Name ist nicht zu deuten; s.H.Lüschen, S 240 f. s. v. Hyazinth. In der Anthike verstand man unter Hyazinth einen blauen Korund, $Al_2O_3$, auch Saphir genannt. Der Stein ist sehr hart und kann nur mit Hilfe des Diamanten bearbeitet werden; s. auch Solinus, Coll. 30,32; Isidor, Orig. XVI 9,3; beide Autoren geben als Farbe des Steines caeruleum = Blau des Himmels an.
*die Blume gleichen Namens* ist wahrscheinlich der Gartenrittersporn oder eine Irisart.(s 176)

Das Wort ist griechisch υακινθοσ, stammt aber aus vorgriechischer Sprachschicht und ist nicht näher zu deuten.Es geht in ununterbrochener Überlieferung bis in die Gegenwart, hat aber im Laufe der Zeit sehr verschiedene Steine bezeichnet.
Im Griechischen bezeichnet Hyazinthos eineBlume,aber wohl nicht unsere Hyazinthe,vielleicht eine Irisart und einen Edelstein und zwar den blauen Korund, den wir heute Saphir nennen.
Lateinische Schriftstelle(Solinus 30,33; Isidor XVI 9,3)beschreiben den Hyacinthus oder Jacinthus als blau, gefärbt wie die Blume gleichen Namens und so hart, dass er nur mit Diamant bearbeitet werden könne. Auch der Hyazinth der Offenbarung ist höchstwahrscheinlich Saphir.
Im Mittelalter gewinnt der Name Hyazinth besondere Bedeutung in der arabischen Überlieferung. Das sogenannte Steinbuch des Aristoteles, auf syrischen Quellen des 9. Jahrhunderts fußend, dann arabisch und im 13. Jahrhundert hebräisch und lateinisch bearbeitet, wirkt auf vielerlei Wegen in die Überlieferung hinein.
Isidor (XVI 9,3) beschreibt ihn als "blau gefärbt, wie die Blumen gleichen Namens und so hart,dass er nur mit Diamant bearbeitet werden kann".
(Vgl. Solinus, 30,33; JosAs 68.1; äthHen 71,2; n.h. 37,122)

Hier ist Hyazinth, arabisch Jakut,mittellateinisch iacinctus od iacintus, deutsch ichant zusammenfassender Name für die Edelsteine, die wir jetzt die Korunde nennen. Es werden drei Arten unterschieden: 1iacintus rubens oder granatus, roter oder granatfarbener Hyazinth,=Rubin. 2iacintus citrinus, gelber Hyazinth unser gelber Korund.3iacintus venetus oder saphirinus,blauer oder saphirfarbener Hyazinth unser Saphir. Unsere Korunde sind in den Beschreibungen, die zu dieser Überlieferung in Beziehung stehen, eindeutig zu erkennen, weil gesagt wird, dass die Farbe des roten Hyazinths im Feuer verbessert werde, was für den gelben nicht in dem Maße gelte und der blaue leide im Feuer Schaden. (Heute ist bekannt, dass der Rubin in sehr starkem Feuer, wie es damals wohl nicht zur Verfügung stand, auch die Farbe verliert.) Außerdem wird auf die große Härte hingewiesen.
"Hyazinthen sind drei Arten. Einer ist rot und körnig. Der ist auch aller Steine kostbarster. Dies ist seine Natur: Wenn er in das Feuer geworfen wird und man immer weiter bläst, wird er immer röter. Ist irgend Schwarzes daran, das brennt das Feuer weg. Und er wird klar. Die andre Art Hyazinth heißt Citrinus. Der duldet nicht das Feuer. Die dritte Art Hyazinth heißt Venetus. Der duldet das Feuer durchaus nicht. (Rose Seite 386, 399 ff.)
Die Zusammenordnung so verschiedenfarbiger Steine nach ihrer natürlichen Verwandtschaft ist für jene Zeit, die wesentlich nach der Farbe ordnete, höchst bemerkenswert. Es blieb aber bei dem vielversprechenden Ansatz und die ganze Gruppe verflüchtigte sich.
Der rote Hyazinth wanderte als Rubin zu den anderen roten Steinen in das Geschlecht der Karbunkel, der blaue wurde zum Saphir und verlor damit den Namen,den er bei den Griechen und in der Bibel gehabt hatte, und bei Megenberg (1350.S.449) nur noch der gelbe Hyazinth übrig, immer noch als unser gelber Korund erkennbar.
Die Beschränkung auf äußerst harte Steine (Korunde) wurde in der Folgezeit aufgegeben. Am Ende des 18.Jahrhunderts war das Ergebnis, dass Hyazinth orangefarbene, mehr oder minder ins Gelbe, Rote oder Braune schlagende Edelsteine bezeichnete und zwar solche von sehr verschiedener Zusammensetzung.
Dann entdeckte Klaproth (1789) in Hyazinthen von Ceylon die "Zirkonerde". So kam es zur Einengung des Namens Hyazinth auf den gelbroten oder roten Zirkon, wie sie noch heute Gültigkeit hat.

1.12. Amethyst bleibt der gleiche Stein

In eine andere Klasse werden die purpurfarbenen oder diejenigen, die von ihnen abstammen eingeordnet. Den ersten Platz unter ihnen nehmen die indischen Amethyste (*amethystoi*) ein; man findet sie aber auch in dem Teil Arabiens,der an Syrien grenzt,der peträische genannt, ferner in Klein-Armenien, Ägypten und Galatien, die schmutzigsten und schlechtesten aber auf Thasos und auf Zypern. Als Grund für ihren Namen gibt man an, dass ihr Glanz bis zur Farbe des Weines herankommt, aber, bevor er sie annimmt,ins Violette übergeht; nach anderen ist der Grund, dass jenes Purpurrot etwas enthält, was nicht ganz die Farbe des Feuers hat,sondern sich zur Farbe des Weines abschwächt. Alle Amethyste sind aber von einem durchsichtigen Violett und leicht zu schneiden. Der indische hat vollkommen die Farbe des phönizischen Purpurs; diese Farbe zu erreichen ist der Wunsch der Färberwerkstätten; der Amethyst verbreitet beim Ansehen ein wohltuendes Feuer und blendet die Augen nicht, wie die Karfunkel. Eine andere Art von ihnen geht in die Farbe der Hyazinthe über; die Inder nennen diese Farbe *socos* und einen solchen Edelstein *socondios*. Eine blassere Abart vom gleichen Stein nennt man *sapenos* und auch *pharanitis* nach dem Namen eines Volkes an der Grenze Arabiens. Eine vierte Art hat die Farbe des Weines. Eine fünfte nähert sich im Farbton dem Kristall, wobei Weiß den fehlenden Purpur ersetzt. Diese Art wird am wenigsten geschätzt, weil ein hervorragender Amethyst, von unten betrachtet, gleichsam eine gewisse karfunkelähnlich schimmernde und leicht in Purpur gehende rosenrote Farbe haben muss. Einige wollen solche Amethyste lieber *paiderotes (paiderotes)*, andere *anterotes*, viele `Augenlied der Venus´ (*Veneris gena*) nennen. In ihrer eitlen Geschwätzigkeit versprechen die Magier,die Amethyste würden den Rausch verhindern und hätten daher ihren Namen, außerdem würden sie, wenn man den Namen des Mondes und der Sonne auf sie schreibe und sie mit Haaren des Hundsaffen und mit Schwalbenfedern behänge, Zauberkünste verhindern; ferner seien sie auf jede Weise denen hilfreich, die vor Könige treten wollen, auch sollen sie Hagel und Heuschrecken abwenden, wenn man ein Gebet, das die Magier angeben,hinzufüge.Ähnliches haben sie auch von Smaragden versprochen, wenn man Adler oder Käfer eingraviere; im übrigen glaube ich, dass sie dies nicht ohne Verachtung und Verspottung des Menschengeschlechtes geschrieben haben.(S 89,91)

*Amethyst*: ein kristallisierter violetter Quarz.Plinius beschreibt den Stein im wesentlichen zutreffend.

*Name*: Amethyst bedeutet soviel wie “gegen die Trunkenheit schützend” Eine vierte Art könnte ein Granat sein.(S 175)

# 2. Gemmologische Bestimmung der Edelsteine

(Praktische Gemmologie, 1973, Eppler W.F.)

## 2.1. Nephrit (Eppler W.F. S 270 ff, Praktische Gemmologie, 1973)

Der Name stammt vom griechischen "nephros" = Niere und bedeutet Nierenstein. Früher wurde der Nephrit als Amulett und auch als Heilmittel gegen Nierenleiden angesehen.
Chemische Zusammensetzung: $Ca_2(Mg, Fe)_5(OH \times Si_4O_{11})_2$ oder $2CaO \times 5(Mg, Fe)O \times 8SiO_2 \times H_2O$; monoklin.

Calcium-Magnesium-Eisen-Silicat
(Schumann Walter, Edelsteine und Schmucksteine, 1995, S 156)

Härte: 6 1/2, sehr zäh.
Bruch: splitterig und scharfkantig.
Spezifisches Gewicht (SG): 2,90 bis 3,02; meistens 3,00
Licht- und Doppelbrechung: $n_a$ = 1,614 bis 1,641; $n_g$ = 1,600 bis 1,627 auf dem Refraktometer kann eine schwache Grenzlinie bei etwa 1,62 abgelesen werden. $n_g$-$n_a$ = -0,027
Absorptionsspektrum undeutlich: 6890 (Dublette),5090,(4900),(4600)A
Fluoreszenz: unter langw. und kurzw. UV keine, unter dem Chelsea-Filter grün.
Die Farbe des Nephrits ist ein kräftiges, mitteldunkles Grün, aber auch graugrün und rötlichbraun. Bei der Verwitterung nimmt er eine hellbraune oder auch gelbliche bis weißliche Farbe an. Er ist undurchsichtig, aber kantendurchscheinend und wird gelegentlich als "Jade" bezeichnet Der Nephrit ist ein Aktinolith (Strahlstein), der faserig ausgebildet und verfilzt ist. Diese Ausbildung verleiht ihm eine sehr große Zähigkeit,die in der Steinzeit von den damals lebenden Menschen zur Herstellung von Waffen und Geräten (z.B. Steinbeile) ausgenutzt wurde.

Die Verwendung des Nephrit ist vielseitig.Vor allem in China wird er se sehr langer Zeit zu Schmuck und kunstvollen Vasen,Figuren und vielgestaltetem Ziergerät verarbeitet.
Die Verwechslungsmöglichkeit und Nachahmung aus Glas sind die gleichen, wie sie für den Jadeit angegeben sind. Gefärbter Nephrit und Dubletten bzw. Tripletten aus Nephrit sind nicht bekannt geworden.

## 2.2. Lapis lazuli (Praktische Gemmologie, 1973, Eppler W.F.S 304 ff)

Der Name kam, nach Hans Lüschen,im Mittelalter aus dem Persischen zu uns und zwar durch arabische Vermittlung. Als arabische Form wird angegeben "lazaward", daraus wurde mittellateinisch lazurium, lazurius oder labis lazuli.Sein zweiter Name"Lasurit"(oder Lasurstein) leitet sich vom Lapis lazuli ab und bedeutet wie dieser "blauer Stein".

Chemische Zusammensetzung sehr verwickelt: das eigentliche Lasuritmolekül $Na_8[S \times (AlSiO_4)_6]$ oder $3Na_2O \times Al_2O_3 \times 2SiO_2 \times 2Na_2S_3$ bildet einen Mischkristall mit den Molekülen des Sodaliths, $Na_8[Cl_2 \times (AlSiO_4)_6]$ oder $3NaO \times Al_2O_3 \times 2SiO_2 \times 2CaSO_4$ und des Hauyns$(Na, Ca)_{8-4}[(SO_4)_{2-1}(AlSiO_4)_6]$ oder $3Na_2O \times Al_2O_3 \times 2SiO_2 \times 2CaSO_4$

Kristallisation: kubisch; Kristalle sind sehr selten.

Härte: 5 1/2

Bruch: uneben, feinkörnig.

Spezifisches Gewicht der reinen Lasurkristalle:2,38 bis 2,42; des eigentlichen Lapis lazuli jedoch 2,7 bis 2,9, meistens 2,80; stark pyrithhaltige Stücke können noch höheren Wert haben.

Lichtbrechung: etwa 1,50

Fluoreszenz: unter dem Chelesa-Filter bräunlichrot und unter der kurzw. UV ein sehr deutliches weißliches Aufleuchten.

Der Lapis lazuli ist ein Gestein, das in der Hauptsache aus Diopsit (SG= 3,3)und Lasurit (SG=2,4) besteht.Außerdem ist an seinem Aufbau noch beteiligt:

Glimmer: (Phologopit, ein Kali-Magnesiaglimmer, SG etwa 2,9 und Muskovit, ein Kali-Tonerdeglimmer, SG etwa 2,8), Kalk (Calcit bzw. Dolomit, SG etwa 2,8)und Pyrit(SG =5,0 bis 5,2). An weiteren Gemengteilen werden noch genannt: Augit (SG =3,3 bis 3,5),Enstatit (SG= 3,1),Hornblende (SG =2,9 bis 3,4) und Humit (SG =3,1 bis 3,2; 1817 nach dem englischen Geologen A. Hume benannt ist ein F- oder OH-haltiges Magnesiumsilikat, monoklin). Die jeweils erwähnten Werte für das SG zeigen, dass sie alle über demjenigen des Lasurits liegen und dass damit das höhere SG des Gesteins Lapis lazuli verständlich wird.

Die "Farbe" des undurchsichtigen Lapis lazuli ist ein kräftiges, dunkles Blau, das von reinem Ultramarinblau bis zu heller blauen Farbtönen reichen kann. Eine grünlichblaue Farbe ist weniger begehrt. Gelegentlich wird er von kleinen weißen Körnchen aus Kalk durchsetzt, der im sog. "Chile-Lapis" in größeren Bereichen auftritt und für diesen kennzeichnend ist. Der messinggelbe Pyrit (die sog.Goldpünktchen) ist sehr häufig und seine wie Flitter wirkenden Kriställchen sind sehr beliebt.Sie wer den für die Echtheit des Steines angesehen.Hellere Steine sollen durch ein mäßiges Erhitzen in der Farbe verbessert werden können.

## 2.3. Granat (Praktische Gemmologie, 1973, Eppler W.F. S 184 ff)

Der Name wird von lateinischen"granum"= Korn abgeleiter und verweis auf das häufige Vorkommen in rundlichen "Körnern".

Chemische Zusammensetzung: Die Granate bilden eine Gruppe von S likaten mit ähnlicher Zusammensetzung und übereinstender, kubische Struktur. Als Granate, die in Edelsteingüte gefunden werden sind:

| | | |
|---|---|---|
| Pyrop | Magnesiatongranat | $3MgO \times Al_2O_3 \times 3SiO_2$ |
| Almandin | Eisentongranat | $3FeO \times Al_2O_3 \times 3SiO_2$ |
| Spessartin | Mangantongranat | $3MnO \times Al_2O_3 \times 3SiO_2$ |
| Grossular und Hessonit | Kalktongranat | $3CaO \times Al_2O_3 \times 3SiO_2$ |
| Andradit: | Kalkeisengranat | $3CaO \times Fe_2O_3 \times 3SiO_2$ |
| Demantoid (und Melanit) | | |
| Uwarowit | Kalkchromgranat | $3CaO \times Cr_2O_3 \times 3SiO_2$ |

Die Granate bilden Mischungsreihen,teils lückenlose,teils aber auch m Mischungslücken. Lückenlose Mischungsreihen bilden Pyrop und A mandin, Almandin und Spessartin,Grossular und Andradit (Melanit). Di se Reihen enthalten aber immer noch in wechselden Mengen Anteile d anderen Granatglieder.Die Mischungslücken der verschiedenen Reihe z. B. Spessartin - Pyrop, Andradit (Melanit) - Grossular usw., sind unte schiedlich. Die reinen Endglieder der verschiedenen Mischungsreihe sind in der Natur unbekannt geblieben. Fünf von ihnen konnten 1955 m dem Hoch-Druck und Temperaturverfahren hergestellt und näher unte sucht werden. Seit einiger Zeit fasst man die Granate auch in zwei gr ßen Gruppen zusammen und bezeichnet sie als "Pyralspit"(Pyrol-Alma din-Spessartin)und als "Ugrandit"(Uwarowit - Grossular - Andradit), abe auch zwischen diesen beiden können gewisse Mischungen vorkomme Der vielgestaltige Chemismus der Granate bedingt Schwankungen in i ren physikalischen Eigenschaften wie der Härte, des spezifischen G wichtes, der Lichtbrechung, der Farbe und der Absorptionsspektren.

Gemeinsam haben die Granate folgende Eigenschaften:

Sie kristallisieren alle kubisch und bevorzugen den Rhombendodeka eder und dessen Kombinationen mit anderen Kristallformen. Sie haber eine geringe Spaltbarkeit nach dem Rhomboeder. Sie sind einfachbre chend, doch haben viele von ihnen eine anomale Doppelbrechung, die mitunter sehr stark ist und die durch den Isomorphismus hervorgerufer wird.

Pyrop
Der Name wird vom griechischen"pyropos"=feueräugig,feurig,abgeleitet.
Chemische Zusammensetzung: Magnesiatongranat, $Mg_3Al_2(SiO_4)_3$ oder $3MgO \times Al_2O_3 \times SiO_2$ mit geringem Gehalt an Eisen und Chrom, welche die Farbe bedingen und stets einen Gehalt an Almandin, der über 20% liegt,sowie zusätzlich an einigen Prozenten von Grossular und Uwarowit.
Kristallisation: kubisch Härte: 7 1/4
Spezifisches Gewicht: 3,7 bis 3,9;ausnahmsweise 3,650;meist 3,78; reiner synthetischer Pyrop 3,582
Lichtbrechung: n=1,74 bis 1,76; ausnahmsweise 1,730; meistens 1,745; reiner synthetischer Pyrop 1,714
Dispersion: im B-G-Bereich = 0,022
Absorptionsspektrum:6870,6850,6710,6500, bis 5200,5050, allgemeine. Absorption ab 4400 A. Stark almandinhaltiger Pyrop zeigt die Linien des Almandinspektrums, von dem drei kräftige Banden kennzeichnend sind, deren Mitten bei 5750, 5270, und 5050 A liegen.
Fluoreszenz: im langw. und kurzw. UV sowie in Röntgenstrahlen keine.
Die Farbe des Pyrops ist kräftig reinrot,blutrot,auch düsterrot und bräunlichrot. Sie beruht auf Nebenbestandteile von Eisen und Chrom.
Pyrop-Almandin-Mischkristalle
Zwischen Pyrop und dem Almandin gibt es Übergänge oder Mischkristalle, die wegen ihrer Eigenschaften weder zum Pyrop noch zum Almandin gehören. Die Farbe dieser Kristalle ist ein kräftiges Rot (blutrot), kann aber auch bräunlichrote und violette Farbtöne aufweisen.
Absorptionsspektrum: 6170,5760,5260,5050,4760,4620,4380,4280, 3930 A.
Fluoreszenz: keine unter langw. und kurzw. UV.
Einschlüsse: wie im Pyrop wenige Kristalleinschlüsse, auch Apatit
Vorkommen: weit verbreitet, wie Almandin.
Härte: 7 1/2
Spezifisches Gewicht:3,95 bis 4,20;reiner synthetischer Almandin 4,318
Lichtbrechung: n=1,78 bis 1,81; rein synthetischer Almandin 1,83
Dispersion: im B-G-Bereich = 0,027
Fluoreszenz: keine im langw. und kurzw. UV.
Die Farbe des Almandin ist ein kräftiges Rot, auch blutrot und zeigt fast stets einen geringen, doch deutlich wahrnehmbaren Stich ins Violette. Die Farbe wird durch den geringen Gehalt an Eisen und Chrom bedingt.

2.4. Malachit (Praktische Gemmologie, 1973, Eppler W.F., S 311 ff)
Der Name wird, wegen der grünen Farbe, vom griechischen "malache" = Malve abgeleitet, nach einer anderen Version wegen der geringen Härte vom griechischen "malakos" = weich.
Chemische Zusammensetzung: ein "wasserhaltiges Kupfercarbonat" $Cu_2(OH)_2CO_3$ oder $CuCO_3$ x $Cu(OH)_2$
Kristallisation:monoklin. Die Kriställchen bilden kleine Fasern,die senkrecht zu einer Wachstumsstreifung stehen und an den Aufbau des Chalzedons im Achat erinnern.
Härte: 4
Strich: grün
Bruch: kleinmuschelig
Spezifisches Gewicht: meistens 3,75; kann bis 3,95 ansteigen.
Lichtbrechung: $n_a$ =1,655; $n_b$ =1,875; $n_g$ =1,909
Fluoreszenz: keine
Der Malachit ist undurchsichtig und hat eine lebhaft grüne Farbe. Die geschliffenen Stücke zeigen hellgrüne, mittelgrüne, dunkelgrüne und schwärzlichgrüne Zeichnungen,die durch den schaligen,rundlichen und teilweise nierigen, teilweise auch stalaktischen Aufbau des Steines bedingt sind.
Die Entstehung erfolgte nach P. Ramdohr "durch Wechselwirkung des bei der Verwitterung der Kupfersulfide sich bildenden Kupfersulfats mit Carbonaten der Gangart oder des Nebengesteins".
Die Vorkommen sind an Kupfererzlagerstätten gebunden,so im Ural in Russland, aber auch in Kantanga, dem jetzigen Schaba, im südlichen Zaire (dem früheren Kongo),der heute den besten und schönsten Malachit liefert.Weitere Vorkommen sind in SüdwestAfrika,in Australien und in den USA bekanntgeworden. Trotz seiner niedrigen Härte wird er zu Dosen, Platten und kleinen Figuren,aber auch zu Halsketten und Cabochons verarbeitet. Malachit ist ein wertvolles Kupfererz.

Serpentin
Der Name ist abgeleitet vom lateinischen "serpens" = Schlange, wahrscheinlich wegen der schlangenhautähnliches Zeichnung und Farbverteilung des Steines. Lichtbrechung: Refraktometermessung 1,55 - 1,56
Chemische Zusammensetzung: ein wasserhaltiges Magnesiumsilikat $Mg_6[(OH)_8$ x $Si_4O_{10}]$ oder $3MgO$ x $2SiO_2$ x $2H_2O$
Kristallisation: meistens monoklin(pseudorhobisch); stets derb in mikrokristalliner Ausbildung.
Härte: etwy 2 1/2; Bowenit bis 5 1/2
Bruch: muschelig und splitterig. Spezifisches Gewicht: 2,4 bis 2,7

2.5. Sarder (Praktische Gemmologie, 1973, Eppler W.F, S 238)
Der rotbraune bis braune Chalcedon heißt Sarder (nach einer Stadt Sardes in Kleinasien,möglicherweise identisch mit den heutigen Ruinen von Sardis, etwa 70 km östlich von Ismir [Smyrna]. Von den zahlreichen Vorkommen haben diejenigen in Rio Grande do Sul, Brasilien, in Uruguay und in Indien die größte Bedeutung.
Chemische Zusammensetzung: $SiO_2$ + Wasser
Kristallisation: trigonal; gelegentlich tritt Zweischichtigkeit auf.
Härte: knapp 7. Spezifisches Gewicht: 2,58 bis 2,64; meistens 2,60
Lichtbrechung: schwankt zwischen 1,530 und 1,539
Doppelbrechung: sehr gering bis zu 0,004
Fluoreszenz: unter kurzw. UV bläulichweiß.

2.6. Karneol (Praktische Gemmologie, 1973, Eppler W.F.,S 238)
Der Karneol ist ein durchscheinender bis undurchsichtiger roter Chalcedon. Sein Name wird vom lateinischen "corna" = Kornelkirsche abgeleitet und bedeutet so viel wie"Edelstein von der Farbe der Kornelkirsche". Die Farbe reicht von fleischrot bis tiefrot und wird durch einen Eisengegehalt bedingt. Sie kann bei manchen Karneolen durch nachträgliches Erhitzen vertieft werden. Der größte Teil zu Schmuck verwendeten Karneole ist künstlich gefärbter Chalcedon. (Tränken mit einer Eisennitratlösung und anschließendes Erhitzen, wodurch im Stein ein leuchtend rotes Eisenoxid entsteht).
Chalcedon
Der Name stammt von einer Stadt Chalkedon oder Kalchedon,die etwa an der Stelle des heutigen Katiköy am Südende des Bosporus gegenüber von Konstantinopel (Istanbul) gelegen haben soll.
Chemische Zusammensetzung: $SiO_2$ + Wasser
Kristallisation: trigonal; gelegentlich tritt Zweiachsigkeit auf.
Härte: knapp 7 Spezifisches Gewicht: 2,58 bis 2,64; meistens um 2,60
Lichtbrechung: schwankt zwischen 1,530 und 1,539
Doppelbrechung: sehr gering, bis zu 0,004
Fluoreszenz: unter kurzw. UV bläulichweiß.
Der Chalcedon besteht aus langgestreckten, mikroskopisch kleinen Quazfasern, die an ihren Enden etwas zugespitzt sind. Ihre Größe ist etwas unterschiedlich und sie verlaufen fast parallel zueinander.An ihren Enden entstehen kleine Zwischenräume,von denen angenommen wird, dass sie mit Opal (ein wasserhaltiges $SiO_2$-Gel) ausgefüllt sind. Nach anderer Ansicht sollen die Zwischenräume ein System flüssigkeitsgefüllter Poren bilden.Die Farbe des Chalcedon ist grau bis weißlichgrau, sie kann aber auch bläulichweiß bis nahezu himmelblau sowie bräunlich und sehr schön grün sein.

2.7. Olivin (Peridot) (Praktische Gemmologie, 1973, Eppler W.F. S 172/173)
Der Name ist nicht eindeutig erklärbar. Möglicherweise hängt er mit dem arabischen "farida" = Perle,Edelstein, zusammen. Nach einer anderen Version soll er sich vom griechischen "peri" = über, in vorzüglichem Grad und "doter" = Geber ableiten in der Bedeutung von "peridona" =in Fülle geben,womit auf den Flächenreichtum seiner Kristalle hingewiesen werden soll. Ein zweiter, früher häufiger gebrauchter Name für den Peridot ist Chrysolith.Er geht auf das griechische"chrysos" = Gold und"lithos" = Stein zurück.Ob damit anfänglich wirklich der Peridot gemeint war oder ein anderer Edelstein, ist nicht mehr festzustellen. In der Mineralogie wurden 1790 von Werner die Bezeichnung Olivin, für diesen Stein engeführt wegen seiner olivgrünen Farbe.
Chemische Zusammensetzung: $(Mg,Fe)_2SiO_4$ oder $2(Mg,Fe)O \times SiO_2$ mit Spuren von Nickel.
Kristallisation: rhombisch. Glied einer Mischungsreihe, deren Endglieder Forsterit($Mg_2SiO_4$,benannt nach dem Naturwissenschaftler J. R.Forster) und Fayalit ($Fe_2SiO_4$, nach dem Vorkommen auf der Azoreninsel Fayal) sind. Der Peridot besteht aus rd. 80 bis 90% Forsterit und 20 bis 10% Fayalit.
Härte: 6 1/2 bis 6 3/4; spröde.
Spaltbarkeit:deutlich nach der Basis(001),unvollkommen nach dem Prisma (010); nach der neuen Aufstellung von H. Strunz.
Bruch: kleinmuschelig.
Spezifisches Gewicht: 3,27 bis 3,37; meistens 3,34
Lichtbrechung: $n_a$ = 1,654; $n_b$ = 1,671; $n_g$ = 1,690
Peridot aus Norwegen: $n_a$ = 1,650; $n_g$ = 1,686
Doppelbrechung stark: $n_g - n_a$ = 0,036
Dispersion: im B-G-Bereich = 0,020
Glanz: glasähnlich und ölig.
Pleochroismus schwach: a farblos bis hellgrün, b grün, g hell grün.
Absorptionsspektrum: 4930 (breit), 4730 (weniger breit), 4530 (breit) A; und in der b-Richtung (6530), (5290) A.
Fluoreszenz unter UV und unter Röntgenstralen: keine.
Der Peridot wird vielfach in sehr gut ausgebildeten Kristallen gefunden. Sie können beachtliche Größe erreichen und das Gewicht von 100 g u. mehr aufweisen.Dies trifft besonders für Kristalle von Zeberged zu. Andere Vorkommen liefern kleinere und mitunter stark abgerollte Stücke. Die Farbe des Peridot ist kräftig grün mit einem leichten Stich ins Gelbgrüne. Sie kann warm und leuchtend sein, aber auch ausgesprochen gelbgrün und braungrün bis bräunlich. Diese Färbung wird dem Eisengehalt der Fayalitkomponente zugeschrieben, während für das leuchtende Grün neben dem Eisen noch Nickelgehalt verantwortlich ist.

## 2.8. Beryll (Praktische Gemmologie, 1973, Eppler W. F., S 138 ff)

Beryll umfasst Smaragd, Aquamarin, Rosa-Beryll, Gold-Beryll und grünlich gelben Beryll, die im wesentlichen von ihren chemischen und physikalischen Eigenschaften übereinstimmen. Das Beryllium-Aluminiumsilikat, aus dem sie bestehen,bildet ein Kristallgitter mit sechsseitigen,röhrförmigen Hohlräumen, die beim Wachstum der Kristalle eine ganze Reihe gitterfremder Substanzen aufnehmen können.

Smaragd

Der Name stammt vom griechischen "smaragdos" = Smaragd im Sinne von grünem Stein, worunter wahrscheinlich der grüne Flusspat ($CaF_2$) (Härte 4) ebenso wie grünes Glas verstanden worden ist.

Chemische Zusammensetzung: $Al_2Be_3(Si_6O_{18})$ oder $3BeO \times Al_2O_3 \times 6\, SiO_2$ mit einem Gehalt von etwa 0,1 bis 0,3% $Cr_2O_3$.Gelegentlich kann auch Vanadium (V) bis zu 0,15% anwesend sein.

Kristallisation: hexagonal

Härte: 7 1/2

Spaltbarkeit: sehr undeutlich nach der Basis.

Bruch: kleinmuschelig bis uneben.

Spezifisches Gewicht: 2,67 bis 2,78; im Mittel 2,73.

Licht und Doppelbrechung:im Mittel: $n_o$=1,582; $n_e$=1.576; $n_e$-$n_o$=-0,006

Dispersion: im B-G-Bereich = 0,014

Pleochroismus: o = grün; e = blaugrün und auch gelbgrün.

Absorptionsspektrum: 6835, 6806, 6620,6460,6370,(6060,5940),6300-5800,4774,4725 A. ab 4600 allgemeine Absorption.

Fluoreszenz:Unter dem Chelsea-Filter erscheinen die meisten Smaragde rot, auch synthetischer Smaragd (sehr kräftig rot; einige der neueren Herstellung bleiben grün).

Unter langw. und kurzw. UV sprechen die meisten Smaragde nicht an, während die synthetischen Smaragde teils rot, teils nicht fluoreszieren. Der Smaragd ist der am höchsten bewertete Beryll. Seine Kristalle zeigen meistens einfache Formen und bestehen vielfach nur aus dem hexagonalen Prisma mit der Basis. Die grüne Farbe des Smaragdes geht auf einen Gehalt an Chrom zurück, gelegentlich auch auf Vanadium. An manchen Smaragden treten erhebliche Farbunterschiede auf,die als ein sicheres Kennzeichen für ihre Echtheit angesehen werden können.

2.9. Olivin (Peridot) (Praktische Gemmologie, 1973, Eppler W.F. S 172/173)
Der Name ist nicht eindeutig erklärbar. Möglicherweise hängt er mit dem arabischen "farida" = Perle,Edelstein, zusammen. Nach einer anderen Version soll er sich vom griechischen "peri" = über, in vorzüglichem Grad und "doter" = Geber ableiten in der Bedeutung von "peridona" =in Fülle geben,womit auf den Flächenreichtum seiner Kristalle hingewiesen werden soll. Ein zweiter, früher häufiger gebrauchter Name für den Peridot ist Chrysolith.Er geht auf das griechische"chrysos" = Gold und"lithos" = Stein zurück.Ob damit anfänglich wirklich der Peridot gemeint war oder ein anderer Edelstein, ist nicht mehr festzustellen. In der Mineralogie wurden 1790 von Werner die Bezeichnung Olivin, für diesen Stein engeführt wegen seiner olivgrünen Farbe.
Chemische Zusammensetzung: $(Mg,Fe)_2 SiO_4$ oder $2(Mg,Fe)O \times SiO_2$ mit Spuren von Nickel.
Kristallisation: rhombisch. Glied einer Mischungsreihe, deren Endglieder Forsterit($Mg_2SiO_4$,benannt nach dem Naturwissenschaftler J. R.Forster) und Fayalit ($Fe_2SiO_4$, nach dem Vorkommen auf der Azoreninsel Fayal) sind. Der Peridot besteht aus rd. 80 bis 90% Forsterit und 20 bis 10% Fayalit.
Härte: 6 1/2 bis 6 3/4; spröde.
Spaltbarkeit:deutlich nach der Basis(001),unvollkommen nach dem Prisma (010); nach der neuen Aufstellung von H. Strunz.
Bruch: kleinmuschelig.
Spezifisches Gewicht: 3,27 bis 3,37; meistens 3,34
Lichtbrechung: $n_a$ = 1,654; $n_b$ = 1,671; $n_g$ = 1,690
Peridot aus Norwegen: $n_a$ = 1,650; $n_g$ = 1,686
Doppelbrechung stark: $n_g$ - $n_a$ = 0,036
Dispersion: im B-G-Bereich = 0,020
Glanz: glasähnlich und ölig.
Pleochroismus schwach: a farblos bis hellgrün, b grün, g hell grün.
Absorptionsspektrum: 4930 (breit), 4730 (weniger breit), 4530 (breit) A; und in der b-Richtung (6530), (5290) A.
Fluoreszenz unter UV und unter Röntgenstralen: keine.
Der Peridot wird vielfach in sehr gut ausgebildeten Kristallen gefunden. Sie können beachtliche Größe erreichen und das Gewicht von 100 g u. mehr aufweisen.Dies trifft besonders für Kristalle von Zeberged zu. Andere Vorkommen liefern kleinere und mitunter stark abgerollte Stücke. Die Farbe des Peridot ist kräftig grün mit einem leichten Stich ins Gelbgrüne. Sie kann warm und leuchtend sein, aber auch ausgesprochen gelbgrün und braungrün bis bräunlich. Diese Färbung wird dem Eisengehalt der Fayalitkomponente zugeschrieben, während für das leuchtende Grün neben dem Eisen noch Nickelgehalt verantwortlich ist.

## 2.10. Chrysopras (Eppler W.F. Praktische Gemmologie, 1973, S 243 f)

Der Name wird vom griechischen"chrysos" =Gold und "prason"=Lauch abgeleitet, aber diese Farbenangaben ergeben heute keinen Sinn. Der Chrysopras ist ein grüner Chalcedon; (seine Eigenschaften wie der Chalcedon; sein Absorptionsspektrum zeigt nur eine schwer bestimmbare Linie im Orangen). Seine Farbe ist ein kräftiges, leuchtendes Grün, das auch durch die Bezeichnung als apfelgrün nicht ausreichend gekennzeichnet wird. Sie geht auf einen Gehalt von Nickel zurück, das höchstwahrscheinlich als Silikat vorliegt und vermutlich als Garnierit, $3(Ni,Mg)O \times 2SiO_2 \times 2H_2O$, monoklin eingelagert ist.
Es ist so fein verteilt,dass es auch bei starker Vergrößerung mikroskopisch nicht erkannt werden kann. Der Nickelgehalt schwankt zwischen 0,5 und 2,4%. Im Gegensatz zu anderen Chalcedonen deren Quarzfasern parallel oder annähernd parallel verlaufen, haben im Chrysopras eine radialstrahlige Anordnung. Die Ringe innerhalb der Scheibchen bzw. Kugeln deuten ,dass sie in mehreren Schüben auskristallisierten. Enthält der Chrysopras noch Flecken von braunem oder weißlichem Muttergestein, so nennt man ihn auch Chrysoprasmatrix.
Chemische Zusammensetzung: $SiO_2$ + Wasser.
Kristallisation: trigonal; gelegentlich tritt Zweiachsigkeit auf.
Härte: knapp 7
Spezifisches Gewicht: 2,58 bis 2,64; meistens 2,60
Lichtbrechung: schwankt zwischen 1,530 und 1,539
Doppelbrechung: sehr gering, bis zu 0,004
Fluoreszenz: unter kurzw. UV bläulichweiß.
Verwechslungsmöglichkeiten bestehen mit einem natürlichen, durch Chrom grünen "Chalcedon", der dem Chrysopras sehr ähnlich ist. Im Gegensatz zum Chrysopras erscheint er unter dem Chelsea-Filter rot. Er zeigt im Absorptionsspektrum nur eine Linie bei 6790 A.
Nach Schumann Walter, Edelsteine und Schmucksteine, 1995, S 128
Vorkommen in Serpentingestein und in Verwitterungsmassen von Nikkel-Erz-Lagerstätten als Knollen und Spaltenfüllungen. Bedeutendster Fundort war früher die schon seit dem 14. Jahrhundert ausgebeutete Lagerstätte von Frankenstein (Zabkowice) in Oberschlesien (Polen). Verwendung als Cabochon, für Halsketten und für kunstgewerbliche Gegenstände.

## 2.11. Saphir (Eppler W.F, Praktische Gemmologie, 1973, S 74 ff)

Der Name stammt vom griechischen "sappheiros", das als Fremdwort aus dem Osten angesehen wird. Er bezeichnet bis ins Mittelalter den Lapis lazuli.

Chemische Zusammensetzung: Aluminiumoxid(Tonerde), $Al_2O_3$, mit etwa 0,005% bis 0,8% Eisen, dessen Wertigkeit die blaue ($Fe_{++}$), grüne oder gelbe ($Fe_{+++}$) hervorruft. Weitere Elemente, welche die Farbe beeinflussen, sind Vandium (violett) und Chrom (rosa). Zusätzlich sind einige Spurenelemente wie Ti, Si usw. enthalten.

Kristallisation: trigonal

Härte: 9 mit deutlichen Unterschieden in Abhängigkeit von der Richtung auf der Basis etwas härter als auf den Flächen der Prismenzone.

Spaltbarkeit:keine;dagegen besteht eine mechanische Translation nach der Basis (0001) = eine mechanische Verschiebung von Gitterpaketen unterschiedlicher Dicke parallel zur Basis und ferner eine Zwillingsleitung nach dem Grundrhomboeder (1011) = Umkippen beschränkter Bereiche in die Zwillingsstellung parallel zu (1011), hervorgerufen durch eine Stress- oder Druckbeanspruchung in der Lagerstätte.

Bruch: kleinmuschelig, uneben und splitterig.

Spezifisches Gewicht: 3,99 mit geringen Schwankungen.

Lichtbrechung: $n_o$ = 1,768; $n_e$ = 1,760 (Durchschnitt von blauem Ceylon Saphir). $n_o$ = 1,78; $n_e$ = 1,77 (für grünen Saphir). $n_o$ = 1,770; $n_e$ = 1,762. (Durchschnitt für violetten Saphir aus Tansania)

Doppelbrechung: $n_e$ - $n_o$ = 0,008

Dispersion: im B-G-Bereich = 0,018

Dichroismus: kräftig

Absorptionsspektrum: blauer Saphir von Ceylon meist nur 4500 A.
grüner Saphir 4600 und 4500 A.
gelber Saphir 4700,4600,4500 A.

Fluoreszenz: unter langw. UV unter kurzw. UV mittel.

Gekreuzte Filter: Rosa-Saphir zeigt eine kräftige Fluoreszenz, für kurzwelliges UV-Licht undurchlässig.

Ursprünglich kam nur dem blauen Korund der Name "Saphir" zu, den roten nannte man wohl schon immer "Rubin". Die andersfarbigen wurden mit Namen belegt,die,glücklicherweise, seit einiger Zeit als unrichtig erkannt und aufgegeben worden sind.

Die blaue Farbe des Saphir wird durch einen geringen Gehalt an dreiwertigem Eisen verursacht, während zweiwertiges Eisen eine gelbe Färbung hervorruft. Der Padparadscha ist ein rötlich- bis orangegelber Saphir. Die orange Farbe wird durch einen geringen Gehalt an Chrom (0,02%), Eisen (0,04%) und etwas Vanadium hervorgerufen.

2.12 Amethyst (Eppler W.F., Praktische Gemmologie, 1973, S 228 ff)
Der Name stammt vom griechischen "amethyein" = vor Trunkenheit bewahren; im Altertum wurde der Amethyst als ein Amulett gegen die Trunkenheit angesehen.
Chemische Zusammensetzung,Kristallisation,Härte,Spaltbarkeit, Bruch, Spezifisches Gewicht, Licht- und Doppelbrechung, Dispersion, Fluoreszenz wie bei Bergkristall.
Der Name Bergkristall (S 216)stammt vom griechischen "krystallos" = Eis.
Chemische Zusammensetzung: $SiO_2$
Kristallisation: trigonal. Härte: 7.
Spaltbarkeit: sehr gering und weniger nach dem Grundrhomboeder als nach Flächen, die zwischen 45°und 65° sowie zwischen 70°und 75° zur c-Achse geneigt sind.
Bruch: muschelig. Spezifisches Gewicht: 2,651.
Licht- und Doppelbrechung: $n_o$ = 1.544: $n_e$ = 1,553; $n_e - n_o$ = 0,009.
Dispersion: im B-G-Bereich = 0,013.
Fluoreszenz unter lang- und kurzwelligem UV: keine.
Der Bau der Amethystkristalle weicht so sehr von dem der anderen kristallbildenden Quarze ab, dass sogar von einer eigenen Amethyststruktur gesprochen wird. Sie kommt dadurch zustande, dass die dünnen Lagen parallel zu den Rhomboederflächen Rechts- und Linksquarz miteinander abwechseln. Platten aus Amethyst senkrecht zur Hauptachse zeigen daher zwischen gekreuzten Polarisatoren eine Felderteilung, innerhalb derer die erwähnten dünnen Lagen als feine, aber doch deutlich erkennbare Lamellen auftreten. An geschliffenen Amethysten wird diese Erscheinung wohl nur mit Schwierigkeiten zu beobachten sein.
Die Farbe des Amethysts ist violett und rosaviolett in verschiedenen Abstufungen.Vielfach ist eine Farbverteilung in geraden und winkeligen Zonen(zonare Farbverteilung)vorhanden,aber auch in unregelmäßigen Bereichen. Die Ursache der Farbe ist noch nicht bekannt.
Auf Grund der Versuche zur Herstellung synthetischen Amethysts wird vermutet, dass ein Eisengehalt verbunden mit einer radioaktiven Strahlung die Färbung hervorgerufen haben kann.
Beim Erhitzen des Amethysts auf etwa 400°und auch etwas darüber ändert sich seine Farbe in gelb oder in farblos. Bestimmte Amethyste mit einer Farbe, die zwischen dem Amethyst und Rauchquarz liegt,nehmen nach der Erhitzung auf etwa 250° eine leuchtende gelbrote bis braunrote Farbe an. Gewisse Amethyste bleichen im Tageslicht fast bis zur Farblosigkeit aus. Die grüne Farbe "Prasiolith" entsteht durch Erhitzen auf etwa 500°.(Schumann Walter, Edelsteine und Schmucksteine,1995 S 120 ="lauchgrüner Stein" abgeleitet vom griechischen, kommt nicht natürlich vor.)

## 3. Ursachen der Edelsteinfarben

### 3.1. Diamant

#### 3.1.1. Diamant - Typen (extraLapis, No.18, 2000, S 31)

Stickstoff und Bor rufen unterschiedliche Eigenschaften hervor. Daraus ergibt sich die folgende physikalische Gliederung: Diamant besteht aus reinem Kohlenstoff. Geringe Gehalte an Stickstoff können als Einzelatome Gitterplätze des Kohlenstoffs einnehmen oder in Form von "Platelets" (Plättchen) aggiert sein, die parallel zur Würfelfläche stehen;diese können eine Länge von 200-1000 nm(Nanometer) und eine Dicke von 2-9 Atomlagen haben.

Diese "Verunreinigung" führt unter anderem zu unterschiedlichem Absorptionsverhalten im UV-Licht, im sichtbaren und im Infrarot-Licht (IR) und ist die Basis der physikalischen Gliederung der Diamanten.Von anderen Elementen, die ebenfalls in die Struktur eingebaut sein können, hat Bor die größte Bedeutung.

Typ I-Diamant -stickstoffreich-

IR-Absorption von 6-13 µm, UV-Absorption über 225 nm.

Hohe Stickstoffgehalte verursachen häufig auftretende Gelbfärbung.

Typ Ia Rund 97% aller Naturdiamanten

Enthält zwischen 200 - 2400 ppm (pars per million) Stickstoff überwiegend als Platelets.

Typ Ib Nur 1% aller Naturdiamanten, fast 100% aller synthetischen Diamanten.Stickstoff ersetzt Kohlenstoff als Einzelatome auf entsprechenden Gitterplätzen in einer Konzentration von 40 - 100 ppm.

TypII-Diamant -stickstoffarm-

Keine IR-Absorption von 6 -13 µm, keine UV-Absorption von 225 nm.

Treten meist als braune Bruchstücke auf,selten als Kristalle. Vergleichweise hohe Doppelbrechung.

Typ IIa Rund 2% aller natürlichen Diamanten

Enthält atomar verteilt nur 8 - 24 ppm Stickstoff. Gegenüber Typ I-Diamant etwa doppelte Wärmeleitfähigkeit. Zeigt häufig Merkmale plastischer Deformation in Form paralleler Linien und Rippen, diese Störung ruft Braunfärbung hervor. Neuerdings ist es gelungen, diese Färbung durch Druck- und Temperaturbehandlung zu beseitigen.

Typ IIb Äußerst selten

Enthält bis zu 24 ppm Stickstoff. Spuren von nur 0,25 ppm Bor führen zu Halbleiter-Eigenschaften und zu der Blaufärbung dieses Typs.

Mischtypen und Schichtbau: Zwischen Typ I und Typ II gibt es fließende Übergänge und Mischtypen. Sogar verschiedene Schichten eines Diamantkristalls können unterschiedliche physikalische Eigenschaften und Farben aufweisen.

3.1.2. Die Farben der Diamanten (extraLapis No.18, 2000, S 36)
Die Ursache der natürlichen Farben von Diamanten zu erklären, ist schwieriger als das Auffinden schön gefärbter Steine selbst. Diamantfarben werden vor allem durch Baufehler in der Kristallstruktur hervorgerufen. Man konnte dies durch künstliche Behandlungstechniken nachweisen, die zu entsprechendn Farbveränderungen an Diamanten führten. Trotz des Einsatzes modernster Analysetechniken bleiben jedoch viele Fragen offen.
Bei **gelben** Farben herrscht in der Wissenschaft Klarheit: Sie werden durch Stickstoff - Atome oder -Aggregationen (Platelets) im Kristallgitter verursacht. Schon 20 Stickstoffatome auf eine Million C-Atome können eine tiefgelbe Körperfarbe des Diamanten verursachen.
Für die seltene **Blaufärbung** ist das Element Bor verantwortlich. Die mit der Bor-Dotierung verbundenen Elektronenfehlstellen verleihen einem blauen Diamanten auch Halbleiter- Eigenschaften.In der australischen Argyle-Mine sind neuerdings aber auch blaugraue Steien gefunden worden, denen die Halbleiter- Eigenschaften fehlt; diese Steine weisen erhöhte Gehalte von Wasserstoff und Stickstoff auf.
Die außerordentlich seltene natürliche Diamantfarbe **Grün** ist offensichtlich durch natürliche Radioaktivität entstandenSo selten ein durchgehendes Grün als Körperfarbe ist - grüne Farbhäutchen um farblos klare Kristalle hingegen treten in einigen Lagerstätten häufiger auf; auch diese feinen Farbschichten sind durch natürliche Radioaktivität entstanden.
Der berühmte "Dresden Grün", den man im Dresdner Albertinum bewundern kann, ist der einzige größere naturgrüne Diamant, der bisher belkannt ist. Den in Tropfenform geschliffenen, 40,7 Karat schweren Stein erwarb Kurfürst Friedrich August II. im Jahre 1741. Nachdem Indien zunächst als Herkunftsland galt, wird neuerdings von Experten Brasilien angegeben.
Die häufige **Braunfärbung** hängt mit Strukturstörungen im Diamanten zusammen. Sie wird hauptsächlich durch plastische Deformation des Kristalls hervorgerufen. An braunen Diamanten sind oft Linien, Rippen, Stufen und braune Farbschlieren zu erkennen,die der Oktaeder-Ebene als Translationsebene folgen.
Für prächtige Farben wie **Orange, Rosa** oder **Rot** ist die Farbursache bis heute nicht eindeutig geklärt, in rosafarbenen Kristallen fand man etwas Nickel. Sogar die Färbung **Schwarz** ist ungeklärt.

## 3.2. Korund

### 3.2.1. Korund auf einen Blick (extraLapis No. 15, 1998, S 3)

Zusammensetzung

Aluminiumoxid ($Al_2O_3$), das einige Gewichts-% "Verunreinigung" enthalten kann, vor allem Eisen und Chrom. Diese beeinflussen die physikalischen Eigenschaften nur wenig, spielen aber für die Farben eine Schlüsselrolle bei den Edelsteinvarietäten Rubin(rot durch Chrom) und Saphir (blau durch Eisen und Titan).

Struktur

Kompakte Strukturen mit einer hexagonal dichtesten Kugelpackung der Sauerstoffatome und den Kationen (Al,Cr,Fe) in Oktaederlücken.

Kristallsystem trigonal-skalenoedrisch

Kristalle sehr verbreitet. Oft Kombinationen wichtigster Grundformen Prisma, unterschiedliche Dipyramiden, Rhomboeder und Basispinakoid.

Habitus tafelig, tönnenförmig, rhomboedrisch, prismatisch.

Zwillinge makroskopisch nach dem Rhomboeder (oft in Sri Lanke); häufig "polysynthetisch" durch Einschaltungen dünner Korundlamellen.

Agregate derb, spätig, blättrig, körnig, dicht.

Härte 9, Referenzmineral für die Härte 9 nach Mohs.

Teilbarkeit typisch nach dem Rhomboeder, durch Entmischung und Abscheidung winziger Mineralpartikel(vor allem Böhmit) von Rhomboederflächen.

Bruch muschelig bis splitterig.

Glanz = Glasglanz.

Dichte 3,97 - 4,06 g/cm³ (reiner Korund 3,986)

Einschlüsse äußerst variantenreich.Die Einschlußtypen(feste Einschlüsse, Fluideinschlüsse, Wachstumsstrukturen ect.) spiegeln das jeweilige Bildungsmilieu wider und stellen teilweise auch fundpunktspezifische Merkmale dar.

Phänomene Sternsteine:6-strahlig durch orientiert eingelagerten Rutil u.a

Farben als Musterbeispiel für ein allochromatisches Mineral: reines $Al_2O_3$ ist farblos; Beimengungen von Chrom,Eisen,Titan,Vanadium etc.bringen ein fast vollständiges Farbenspektrum hervor.

Strichfarbe weiß.

Fluorenszenz intensiv rot durch Chrom; auch in blauen oder gelblichen Steinen.

Lichtbrechung sehr konstant. Standard: $n_e$ = 1,762, $n_o$ = 1,770

Die Lichtbrechungswerte steigen mit zunehmenden Fe und Cr-Gehalten.

Doppelbrechung -0,008.

Pleochroismus stark.

Dispersion vergleichweise niedrig (0,018 für B-G-Bereich)

3.2.2. Die Farben von Rubin und Saphir (extraLapis No.15, 1998, S 4)

Farbbezeichnung

Reiner Korund ist farblos. Geringe Beimengungen einiger Chromophor-Elemente (Chrom, Eisen, Titan, Vanadium u.a.) bringen ein fast vollständiges Farbspektrum hervorr.Dabei bezeichnet man in der klassischen Nomenklatur rote Korunde als "Rubin", blaue als "Saphir"; der Begriff "Saphir" wird heute jedoch auch für alle anderen Farben edler Korunde angewendet, nur nicht für Rot.

Chrom ist in der Regel verantwortlich für **Rosa**- und **Rot**-Töne. Die oft praktizierte Abgrenzung zwischen "Rosa-Saphir"und "rotem Rubin" ist daher vom mineralogischen Standpunkt aus nicht sinnvoll.

**Blau** wird durch Eisen oder die Kombination von Eisen und Titan hervorgerufen. Bei **Gelb** ist die Situation komplizierter:Neben Eisen kann eine Reihe unterschiedlicher "Farbzentren"eine Rolle spielen. Die meisten **Grün**-Töne werden als Kombination von "Blau" und "Gelb" mit entsprechenden Farbmechanismen gedeutet.

Analog ergeben sich **Orange**-Töne als Überlagerung "roter Farben" mit verschiedenen "gelben".

**Violett**-Töne entstehen durch Kombination von Blau(Fe/Ti) u.Rot (Cr) sowie durch Vanadium.

Schwierig ist die Frage der **Padparadscha**-Farbe. Alle Versuche, sich auf eine allgemeingültige Definition für diese Korund-Varietät zu einigen, sind bisher erfolglos geblieben. Die strenge Auslegung des Begriffes "Padparadscha"akzeptiert lediglich solche Korunde, die sowohl eine zarte Rosa- als auch Orange-Komponente beinhalten. Man fand solche Steine ursprünglich nur in Sri Lanka;heute kennt man sie auch von anderen Vorkommen(z.B.Vietna und Tansania).In gewissen Handelskreisen wird das "Padparadscha - Feld" dagegen sehr weit gesteckt: Es umfasst die Spanne von Rosa auf einen bis zu Orange(-Braun)auf der anderen Seite(die bräunlichorangefarbenen"afrikanischen Padparadschas"vom Umba-Tal).

Eine ähnliche Problematik bildet die praktische Auslegung der alten Begriffe "taubenblutrot" und "kornblumenblau". Sie sind nicht eindeutig und sollten deshalb nicht mehr verwendet werden.

Farbveränderung

Hitzebehandlung ("Brennen", "Kochen") kann zu einer Aufhellung oder Vertiefung bestimmter Farbtöne führen. Die sogenannte "Oberflächen-Diffusionsfärbung"führt zur Ausbildung einer dünnen Farbschicht(>1mm) infolge des "Eindiffundierens" farbgebender Elemente bei hohen Temperaturen(ca.1600-1800°C).Künstliche Bestrahlungsfärbung z.B. gelb sind instabil.

Farbwechselnde Korunde
Häufigster Farbwechsel ist der von Blau-violett nach Purpur.Die Schlüsselrolle kommt dem Element Chrom zu. Den besten Farbwechsel sollen vanadiumhaltige Korunde auffweisen: Grün - blau nach Rot. Solche Steine sind aber in der Natur sehr selten und werden vor allem von Myanmur, Sri Lanka und aus dem Umba-Tal erwähnt.
Interessant ist, dass der Anteil an farbwechselnden Korunden in bestimmten Vorkommen offenbar größer ist als normal (z.B. in den Mercaderes-Korunden aus Kolumbien, den brasilianischen Indaia-Saphiren aus dem neu entdeckten Songea-Vokommen in Tansania.

Der beste Rubin
Der Padmaraga wird als “Vipra” (höchste Kaste) eingeschätzt, der Kuruvinda ist ein Kshetriya, der Saugandhika ein Vaisya und der Mansakhanda ein Shudra.

Man sagt, dass die rote Färbung der Vipra-Rubine der einer roten Lotosblüte gleicht. Im Hinblick auf die Farbe kommen die anderen drei Kasten schlechter weg. Ihre Beschreibung reicht über den Granatapfel und Zinnober bis hin zu einem Stück rohen Fleisches bei der niederen Kaste der Nankhanda. Der Padmaraga aber vermag durch seine Schönheit nicht nur eine Sonnenfinsternis zu vertreiben, sondern er übersteigt alles andere an Herrlichkeit:
Der Padmaraga, welcher durch Auflegen auf die Knospe einer Lotosblüte diese zum Erblühen bringt, ist die Perfektion in sich, - selbst für die Götter kaum erreichbar.

Dass der Besitzer eines qualitätsvollen Steines von dessen Schönheit in angenehmer Weise profitiert, zeigen die folgenden Verse:
Ein Padmagaga, der gleich einer Flamme schon aus der Ferne leuchtet, trägt den Namen Vasakanti, - er bringt Reichtum.Jener Mann, der einen reinen Padmaraga sein Eigen nennt,kann selbst inmitten seiner Feinde in absoluter Sicherheit leben, und auch schlechtes Geschick kann ihm nicht anhaben. (extaLapis, No. 15, 1998, S 12)

## 3.3. Beryll

### 3.3.1. Herkunftsbestimmung (Schwarz Dietmar, extraLapis No.21, 2001, S 68)

Smaragd nimmt in der Beryllfamilie eine markante Sonderstellung ein. Er kristallisiert in geologischen Umfelden,die von dem "normaler" Pegmatit-Berylle ganz verschieden sind. Logischerweise hinterlässt das Bildungsmilieu seine Spuren in den heranwachsenden Kristallen. Dies erklärt, warum diese oft Merkmale aufweisen, die Rückschlüsse auf bestimmte Fundorte ermöglichen. Fundortspezifische Eigenschaften erlauben den Gemmologen Edelsteine bestimmten genetischen Umfeldern zuzuordnen und oft sogar die geographische Herkunft zu bestimmen.

Farben durch "fremde Elemente"

Die wichtigsten Eigenschaften, durch die man Smaragde von ähnlich aussehenden Edelsteinen unterscheiden kann, sind optische Daten, Einschlüsse, spektroskopische Merkmale und chemische "Verunreinigungen", die im Laufe des Wachstums in die Kristalle eingebaut wurden. Art und Menge dieser "Fremdelemente" hängen direkt von der Zusammensetzung der Lösung ab, in welcher der Smaragd gerade wächst. Viele Eigenschaften der Smaragde werden dabei von Fremdelementen maßgebend kontrolliert.

Smaragd ist ein Beryllium-Aluminium-Silikat mit ringförmigen Baueinheiten; die Kristallstruktur zeigt eine röhrenartige Anordnung der Silizium-Sauerstoff-Ringeinheiten längs der c-Achse.Diese Strukturkanäle spielen die Hauptrolle bei der Aufnahme von Ionen, die nicht notwendigerweise zum Beryllgitter gehören. Fremdionen, die ihrer Größe wegen nicht auf normale Gitterplätze passen, können in den Strukturkanälen beherbergt werden, wie z.B.Natrium und Cäsium. Wichtig ist die Rolle der Strukturkanäle bei der Aufnahme ganzer Moleküle, wobei Wasser und $CO_2$ an erster Stelle stehen.

Chemisch reiner Beryll ist farblos.Die Farbvielfalt von Beryllvarietäten (Aquamarin, Morganit, Heliodor u.a.) beruht auf dem Einbau von Fremdelementen. Die wichtigsten sind Eisen (für Blau,Grün und Gelb), Mangan (für Rosa und Rot), Chrom und Vanadium(beide für Grün).Dominierender Farbgeber in den meisten Smaragden ist Chrom. Nahezu identische Farbeffekte werden durch Vanadium hervorgerufen. Der Einbau von Eisen bestimmter Wertigkeiten - die "Aquamarinkomponente" - führt zu einem eher unerwünschten Blaustich von Smaragden.

Wichtig sind aber auch Elemente, die nicht farbgebend sind, allen voran Magnesium und Natrium. Ihre Gehalte schwanken in Smaragden stark; sie können mehrere Gewichts-Prozent betragen.

Hohe Gehalte an Magnesium zeigen die Smaragde aus metamorphen Schiefer. Natrium ist dabei ein unabdingbarer Begleiter des Magnesiums; es bringt die durch den Ersatz von Aluminium durch Magnesium aus dem Gleichgewicht geratene elektrische Neutralität des Smaragds wieder ins Lot: Ersetzt ein Magnesiumatom, das über zwei positive elektrische Ladungseinheiten verfügt, ein dreiwertiges Aluminium auf eine Oktaederposition, so "fehlt" in der Struktur eine positive Ladungseinheit. Sie wird durch ein einwertiges Atom (z.B.Na) eingebracht, das sich auf einem Platz innerhalb eines Strukturkanals etabliert, meist zusammen mit ein oder zwei Wassermolekülen. Smaragde können bis zu 7 Gewichtsprozent Fremdelemente enthalten; hohe Gehalte fand manz.B.in Kristallen aus SantaTerezinha de Goiás, Brasilien, sowie in den Swat-Smaragden Pakistans. Relativ rein sind dagegen Smaragde aus Kolumbien, Nigeria, Australien, Norwegen.

Einschlüsse

Die nach wie vor wichtigste Untersuchung für die Frage "echt" oder "synthetisch" sowie für die "Herkunftbestimmung" eines natürlichen Smaragds ist das genaue Studium seiner Einschlussmerkmale. Diese sind für Umfeld und Bildungsmilieu der Smaragdkristallisation im wahrsten Sinne des Wortes "augenfällig". Für die Untersuchung im Edelsteinmikroskop ist eine Einteilung der Phänomene sinnvoll. An Smaragden bestimmt man vor allem: Wachstumsstrukturen, Festkörper-Einschlüsse, Hohlräume mit unterschiedlichen Fluideinschlüssen sowie ausgeheilte und nicht ausgeheilte Risse.

Wachstumsstrukturen

In Smaragden sind gerade Anwachsstreifen entlang von Basis-, Prismen- und Pyramidenflächen auf häufigsten. Wichtig sind auch Farbzonierungen, die meist parallel zu den Kristallflächen liegen.

Fremdstoffe

Häufig findet man auch "leere", luft- oder gasgefüllte Risse. Reicht ein Riss bis an die Oberfläche, kann er von Natur aus mit allerlei Fremdstoffen ausgefüllt worden sein - oder später im Labor zur "Verbesserung" von Transparenz und Farbe der Smaragde mit allerlei Substanzen künstlich gefüllt werden.

### 3.3.2. Farbbestimmung(Schwarz Dietmar; Schmetzer Karl, extraLapis No.21, 2001,S 78)

Vom mineralogischen Standpunkt her erscheint der Ausschließlichkeitsanspruch des Elementes Chrom im Hinblick auf die Definition des Sammelbegriffes in keiner Weis gerechtfertigt. Vanadium ist bei Beryllen ein Farbgeber mit praktisch identischen Eigenschaften, wobei bestimmte natürliche Smaragde, insbesondere hochwertige Steine aus Kolumbien, meist beide Elemente enthalten. Die Rolle von Eisen und Nickel(letzteres nur in synthetischen Smaragden)beschränkt sich auf die eines zusätzlichen Farbgebers, der in der Lage ist, Chrom- und Vanadium-Farben mehr oder weniger deutlich nach Blaugrün oder Gelbgrün zu verändern. Eisen und/oder Nickel allein sind jedoch nicht in der Lage, Beryllen die typische Farbe zu verleihen, die vom Handel als gute Smaragdfarbe akzeptiert wird.
Es verbleibt die Frage,wie man diese Erkenntnisse auf die Praxis des Handels und der Edelsteinbestimmung,also auf die Aufgaben und Tätigkeiten im Edelsteinlabor,übertragen kann.In den allermeisten Fällen wird es unter Händlern keine großen Diskrepanzen geben, wenn "empirischvisuelle, subjektive Fachkriterien" als Grundlage zur Entscheidung dienen, ob ein vorgelegter grüner Stein eine Smaragdfarbe besitzt und als Smaragd bezeichnet werden sollte oder nicht. Bei Grenz- oder Streitfällen sollte aber eine einfache, schnelle und zerstörungsfreie und zudem objektive Untersuchungs- oder Messmethode zur Verfügung stehen, mit der die Frage "Smaragd - ja oder nein" eindeutig beantwortbar ist.
Welches der im Verlaufe der Smaragddiskussion vorgeschlagenen Merkmale wäre wohl am ehesten für eine entsprechende Abklärung geeignet?
Eine moderne, schnelle, zerstörungsfreie und objektive Nachweismethode die Farbursache eines grünen Berylls oder Smaragds ist derzeit allein die Absorptionsspektroskopie. Bei Verwendung dieser Technik ergibt sich als zentrales Kriterium die Anwesenheit deutlicher und somit farbbestimmender Chrom- und/oder Vanadium-Banden im Absorptionsspektrum(polarisiert parallel und senkrecht zur c-Achse gemessen).Sind auch die farbeinflüssenden Elemente Eisen und Nickel vorhanden, so kann die reine Chrom- und/oder Vanadium-Färbung nach Blau (Eisen:Aquamarin-Komponente) oder Gelb (Nickel) verschoben sein.

3.3.3. Definition nach der Farbursache(Schwarz Diet.,extraLapis No.21,2001S 78)
"Smaragde sind gelblich-grüne, grüne oder bläulich-grüne, natürliche oder synthetische Berylle, in deren Absorptionsspektren die Chrom- und/oder Vanadium-Banden im roten und blauvioletten Bereich das Spektrum deutlich nachweisbar sind."

Nach dieser Definition, welche die Farbursache der Edelsteine als einziges Kriterium zur Bestimmung und Nomenklatur verwendet und alle vom Handel normalerweise als Smaragde bezeichneten und als solche akzeptierten Steine einschließt, sind auch relativ helle oder relativ dunkle Berylle,deren Farbe durch Chrom und/oder Vanadium hervorgerufen wird, tatsächlich als "Smaragde" zu bezeichnen.
Die oft subjektive und vom Betrachter abhängige Beobachtung (bzw. das Auffinden oder Nichtfinden der Chromlinien im Handspektroskop) hängt zu sehr von Erfahrung und Fähigkeit des Betrachters, aber auch von der Art des Gerätes ab.
Das Ergebnis wird stark von der Größe des zu untersuchenden Steins beeinflusst. Die Festsetzung irgendwelcher Grenzwerte oder Mindestkonzentrationen für Chrom und eventuel auch andere farbgebende Übergangsmetalle wäre nicht nur ziemlich willkürlich. Sie wäre aufgrund des technischen und finanziellen Aufwandes sowie des Problems der direkten Vergleichbarkeit der auf unterschiedliche Art und Weise gewonnenen Analysedaten als Methode einer Routineuntersuchung vollkommen ungeeignet. Der Gebrauch von Farbtafeln oder von anderen Farbvergleichsystemen ist sicher ein interessanter Ansatz, konnte sich aber weder im Edelsteinhandel noch bei der Kommunikation zwischen Handel und Fachlabors durchsetzen.
Die Entscheidung durch eine spektroskopische Untersuchung ist auch bei relativ starken Aquamarin-Komponenten an natürlichen Steinen u. bei relativ starken NickelAnteilen bei Synthesen ohne weiteres möglich
Die roten, durch Mangan gefärbten Berylle aus Utah/USA, die lediglich aus "Marketinggründen" als "red emeralds" bezeichnet wurden, fallen selbstverständlich nicht unter den Begriff Smaragd.
Würde man diesen unrühmlichen Versuch, in die Schlagzeilen zu kommen,akzeptieren,dann wäre jegliche Definition der historisch eingeführten Varietätsbezeichnung eines Edelsteines von vornherein sinnlos.

### 3.4. Topas

#### 3.4.1. Eigenschaften und Struktur (extraLapis, No.13, 1997, S 12)

Die große Härte des Topas (8 auf der Mohs-Skala) wird durch die gute Spaltbarkeit und das damit verbundene Risiko des Zerbrechens beim Verarbeiten und Tragen in Schmuckstücken wettgemacht. Neben dem Vermeiden jeglicher Schlag- und Druckeinwirkungen erfordert die Benutzung des Edelsteins Topas keine besonderen Vorsichtsmaßnahmen. Chemisch gesehen ist Topas ein Aluminiumsilikat mit der Strukturformel $Al_2[(Fe,OH)_2 SiO_4]$, wobei man zwei Varianten unterscheidet, nämlich die Endglieder einer Mischkristallreihe:(1) Hydroxyl-Topas und (2) Fluor-Topas. Die chemische Variationsbreite reicht von praktisch reinen Fluor-Topasen bis zur Zusammensetzung $Al_2F_{1.4}(OH)_{0.6}SiO_4$. Mineralogische Daten wie Brechungsindizes, Achsenwinkel und Dichte stehen im Zusammenhang mit dem (OH/F)-Verhältnis. Der Einbau von Fluor in die Topasstruktur erhöht die Dichte, wohingegen Brechungsindizes mit zunehmenden Fluor-Gehalten niedriger werden. Diese Abhängigkeit ist allerdings nicht streng linear, wie man ursprünglich annahm, sondern eher qualitativer Natur.

Grund hierfür ist die Tatsache, dass Topaskristalle nicht aus einem homogenen Gitter aufgebaut sind, sondern als eine Art Netzwerk von "Domänen" mit variierender Symmetrie und unterschiedlichem Ordnungsgrad anzusehen sind. Als falsch erwies sich auch die Annahme, dass sich die optischen Werte der Topase mit ihrer jeweiligen Farbe in Zusammenhang bringen lassen.

Das (OH/F)-Verhältnis,welches die mineralogischen Topas-Daten weitgehend bestimmt, wird letztendlich durch das geochemische Umfeld während des Kristallwachstums vorgegeben. Es charakterisiert somit allenfalls Topas-Typen aus genetisch mehr oder weniger unterschiedlichen Vorkommen. So haben z. B. farblose und blaue Topase aus Russland, Sachsen und den USA einen hohen F-Gehalt, eine höhere Doppelbrechung (0,010) und eine höhere Dichte (3,56). Brasilianische Imperial Topase besitzen dagegen höher Lichtbrechung (1,63 - 1,64), niedrigere Doppelbrechung (0,008) und niedrigere Dichte (3,53). Sie sind - wie auch Samarka - und Katlang-Topase - reicher an OH.

Es scheint, als sei die Topas-Struktur- vom F/OHAustausch einmal abgesehen - für Fremdelemente wenig zugänglich. Wichtigste "Verunreinigung ist sicherlich das Chrom,welches als Farbgeber für die am meisten geschätzten Topasvarietäten fungiert. Die ursprüngliche Annahme, dass das Eisen bei der Gelb- und Braunfärbung der Topase eine zentrale Rolle spielt,konnte in späteren Untersuchungen nicht bestätigt werden.

3.4.2. Der Farbenreichtum (extraLapis No.13,1997, S 14f)
Im Hinblick auf die Farbe ist Topas in zweierlei Hinsicht herausragend, zum einen wegen der schönen Farbtöne der brasilianischen "Imperial-Topase" und der rosa bis rosenroten pakistanischen Topase von Katlang. Zum anderen wegen der Möglichkeit, farblose oder nur schwach gefärbte Topase mittels verschiedener Methoden künstlich blau zu färben. Hierdurch ist der Topas zum Paradebeispiel für das Bestrahlen von Edelsteinen geworden.
Die allermeisten Topase sind von Natur aus farblos und damit als Rohmaterial für Schmuckzwecke von untergeordneter Bedeutung.Gelegentlich werden aber auch farbzonierte oder zweifarbige Topase beobachtet, zum Beispiel blau/rosa aus Russland und der Ukraine sowie rosa-violett/orange aus der Ouro Preto-Region.
Interessant wird Topas als Edelsteinmineral dann, wenn er Farbe zeigt. Natürlich auftretende Farben sind Gelb, Gelborange, Gelbbraun, Rötlichbraun, Rosa(-violett) und Rosenrot, Hellblau und sehr selten Hellgrün. "Häufig" angetroffen werden hellbraune und gelbliche Kristalle. Große hellblaue Topaskristalle stammen überwiegen aus den Pegmatitlagerstätten Brasiliens, Sri Lankas, Australiens,Nigerias und Russlands. Den Angaben von Nassau (1974) zufolge kommen die seltenen Grün-Topase aus dem Ural. Ebenfalls aus Russland stammen soll ein rosa-violetter Topas, der vor einiger Zeit im Gemmologischen Labor Gübelin untersucht wurde.
Die begehrtesten Topasfarben sind Violettrosa bis Rosa,verschiedene Orangetöne (wie "Imperial" und "Sherry") sowie Blau. Viele braune und orangefarbenene Topase aus Pegmatitpockets oder Hohlräumen trachytischer Gesteine verlieren ihre Farbe im Sonnenlicht; das gleiche gilt auch für manche blauen Topase. Rosa- oder violettrosa gefärbte Topase sind in der Natur selten. Die meisten im Handel befindlichen Topase verdanken diese Farbe einer Hitzebehandlung bei 450 - 500°C von ursprünglich kräftig gelben oder rötlichbraunen Kristallen ("pinking", "pinked topaz").
Die für Schmuckzwecke am höchsten geschätzten Steine sind die "Imperial-Topase" aus der Region von Ouro Preto in Minas Gerais, Brasilien sowie die Rosa-Topase von Katlang im Mardan-Distrikt, Pakistan Ähnlich gefärbte Topase aus Sanarka, Russland wurden nie in größeren Mengen gefunden und offenbar nur selten verwendet. Berühmt und - leider auch berüchtigt - wurde der Topas in den 70er Jahren, als man begann, große Mengen farblosen Materials zu bestrahlen und diesem damit zu einer mehr oder weniger intensiven Blaufärbung verhalf.

## 3.5. Granat

### 3.5.1. Ursachen der Granatfarben (extraLapis No.9, 1995, Zang Jochim, S 88 f)

Die Mehrheit der Granatfarben wird durch "Übergangsmetall-Elemente" verursacht, die in der Struktur ihren Platz finden. Dazu zählen die Elemente der 4. Reihe des Periodensystems: Scandium, Titan, Vanadium. Chrom, Mangan, Eisen, Kobalt, Nickel,Kupfer und Zink.Durch ihren Einbau in die Granatstruktur werden bestimmte Spektralbereiche aus dem einfallenden Licht absorbiert: Die übrigbleibenden Anteile erzeugen im Auge die speziellen Farben.

Die Farbreihe beginnt bei den intensiv **grün** gefärbten Grossularen, im Handel als*"Tsavorit"* bezeichnet. Dann folgen die **Gelb**töne:solche Granate werden mineralogisch korrekt als *"Grossular"* im Handel angesprochen. Es schließen die leuchtend **orangen** Spessartine an, die nach Herkunft z.B.als*"Kumene-Spessartin"* bezeichnet werden.Die nächsten Töne im **bräunlichen Gelb** bis zum **bräunlichen Orange** haben die Handelsbezeichnung *"Hesonite"*, die aber nicht exakt definiert ist.

Die **blutroten** Granate tragen den Handelsnamen*"Pyrop"*;sie stellen jedoch Pyrop-Almandindominierte Mischkristalle dar.Die **dunkelbraunen** Granate, zum Teil mit leichten Rotstich, heißen im Handel *"Almandine"*, sie können nach ihrem dominierenden Anteil überwiegend mineralogisch auch so bezeichnet werden. Die **violett-** bis **violettrosa**farbenen Pyrop-Almandine werden als *"Rhodolithe"* gehandelt.

Bei der Farbe spielen physikalische wie auch physiologische Aspekte eine bedeutende Rolle. Physikalische Ursachen liegen in den spektralen Eigenschaften der Lichtquelle(Sonne, Glühbirne u.a.) und in der unterschiedlichen Absorption von Wellenlängen durch ein Mineral. Auch das Auge spielt mit: Es hat je nach Wellenlänge eine unterschiedliche spektrale Empfindlichkeit.

Es wird deutlich, dass unser Auge im Grünbereich zwischen 500 und 550 nm die höchst Empfindlichkeit hat (400 nm: violett - 700 nm: rot). Da nun Farben ein Produkt aus dem Spektrum des Lichts und der "spektralen" Empfindlichkeit des Auges sind, können unterschiedlich zusammengesetzte Absorptionsspektren gleiche Farbeindrücke erzeugen. Folglich ist es leider nicht möglich, gleiche Farben unterschiedlicher Ursachen mit dem Auge zu unterscheiden.- zum Beispiel Chrom und Vanadium im grünen Grossular-.

3.5.2. Unterschiedliche Absorptionsspektren (extraLapis No.9,1995, S 89/90)
Kein Element alleine verursacht die Farbe in Granaten; sie entstehen durch die "Wechselwirkung" mit den Struktur-Nachbarn, deren Art und Entfernung maßgeblichen Einfluss haben. Einen geringeren, aber messbaren Einfluss jabem die "übernächsten" Nachbarn.
Das ist auch bei anderen chrom- und vanadiumgefärbten Mineralen der Fall: Chrom wird im Smaragd für die grüne Farbe, im Rubin für das Rot und im Alexandrit für den Farbwechsel verantwortlich gemacht. Dort liegt das Chrom, wie beim Granat, in seiner dreiwertigen Form vor, oktaedrisch umgeben von sechs Sauerstoffionen. Die Unterschiede sind in den übernächsten Nachbarn des Chroms zu sehen, die eine unterschiedlich starke Aufspaltung der fünf 3d-Orbitale des Chroms und somit Elektronenübergänge unterschiedlicher Energie beim Eintreffen von Licht verursachen. Damit werden unterschiedliche Anteile des Lichts absorbiert: die Farbe erscheint dem Auge anders.
Die Aufspaltung der 3d-Orbitale des dreiwertigen Chroms sieht in idealisiert oktaedrischer Umgebung so aus: Bei oktaedrischer Umgebung werden die fünf 3d-Orbitale des Chroms durch die Wechwlwirkung mit den umgebenden Sauerstoffionen von ursprünglich gleicher Energie auf verschiedene Energieniveaus gehoben bzw. abgesenkt. Ein Teil des einfallenden Lichts, dessen Energie in etwa der Differenz $\Delta_0$ zwischen zwei Energieniveaus von 3d-Elektronen entspricht,kann Elektronen von einem niedrigeren auf ein höheres Niveau anheben und dabei seine Energie abgeben. Dieser Lichtanteil wird absorbiert, der Rest des Spektrums tritt durch den Kristall hindurch und erzeugt die reultierende Farbe.
Die Aufspaltung von 3d-Orbitalen des Chroms in oktaedrischer Umgebung ist beim chromhaltigen Grossular derart, dass Elektronenübergänge von einem niedrigeren zu einem höheren 3d-Orbital in etwa der des orangegelben Lichtanteils bei etwa 600nm und des violetten Lichtanteils bei etwa 400 nm entsprechen. Diese Farben werden somit absorbiert.
Im Absorptionsspektrum eines farbwechselden chromhaltigen Spessartins aus Ostafrika sieht dies anders aus. Die breite Bande im Bereich zwi. 400 und 435 nm (Maximum 423 nm) setzt sich aus den verschiedenen Absorptionsbanden $Mn^2$ (408 nm und 425 nm), $Cr^3$ und $V^3$ (beide zwischen 410 und 420 nm) zusammen.
Bei diesem farbwechselnden Spessartin gibt es also auch zwei Übergänge unterschiedlicher Energie, die Licht im sichtbaren Berich absorbieren. Dadurch wird Licht im kurzwelligen Blauviolett bei 423 nm und im energiearmeren gelborangen Bereich bei 572 nm absorbiert.

### 3.6. Peridot (Schumann Walter, Edelsteine und Schmucksteine, 1995, S 158)

In der Mineralogie ist der Name Olivin (wegen olivgrüner Farbe) gebräuchlicher. Peridot ist ein Mineral einer Mischungsreihe mit den Endgliedern Forsterit ($Mg_2[SiO_4]$) und Fayalith ($Fe_2[SiO_4]$). Der Glanz ist glasähnlich und ölig und gegen Säuren ist es empfindlich. Seiner Neigung, bei starker Spannung zu zerspringen, begegnet man durch Einfassen in einer Metallunterlage.Dunkle Steine können durch Erhitzen heller getönt werden. Raritäten sind Peridot-Katzenauge und Sternperidot.

Die wichtigste Lagerstätte im Roten Meer, auf der Vulkaninsel Zebirget (St. John), 300 km östlich von Assuan/Ägypten; wurde schon vor 3500 Jahren ausgebeutet. Jahrhundertelang war diese Stätte in Vergessenheit geraten und wurden erst um 1900 wieder entdeckt. Gutes Material liefern auch Serpentin-Steinbrüche in Oberbirma. Andere Fundstätten: Australien (Queensland), Brasielen(Mias Gerais),China, Kenia, Mexiko, Sri Lanka, Sudafrika,Tansania, USA(Arizona).In Europa finden sich die bedeutendsten Lagerstätten in Norwegen, nördlich von Bergen.

Kreuzfahrer brachten Peridot nach Mitteleuropa. Im Mittelalter wurde er viel für kirchliche Zwecke verwendet.In der Zeit des Barocks war er der Lieblingsstein dieser Epoche. Beliebt sind Tafel- und Treppenschliff, gelegentlich auch Brillantschliff, besonders wenn in Gold gefasst. Bei den Indianern Nordamerikas ist dieser Schmuckstein heute wie früher sehr geschätzt.

Der größte geschliffene Peridot wiegt 310 ct, er stammt von der Insel Zebirget und befindet sich im Smithsonian Institution in Washington. In Russland gibt es geschliffene Peridote, die aus einem 1749 in Ostsibirien niedergegangenen Meteorit stammen.

Die kräftige Doppelbrechung des Peridots ist ein wichtiges Erkennungsmerkmal. Bei dicken Steinen wird eine Verdoppelung der untern Facettkanten bewirkt, die mit bloßem Auge durch die polierte Tafel deutlich zu sehen ist.

Verwechslungsmöglichkeiten bestehen bei: Chrysokoll, Demantoid, Diopsid, Edelberyll, Moldavit, Prasiolth, Prehnet, Sinhalit, Smaragd, Turmalin, Vesuvian. Blassen Steinen wird zuweilen eine grüne Folie unterlegt. Nachahmung besteht durch Glas. Korund- und Spinell-Synthesen werden dem Peridot unterschoben.

### 3.7. Chrysopras

#### 3.7.1. Ein Beitrag zur Farbe (Z.Dt.Gemmolog.Ges.,1989, S 31 f)

Die Geschichte der schlesischen Chrysoprasvorkommen ist bis in das Jahr 1425 zurückzuverfolgen, als der in Florenz gebürtige, damalige Breslauer Bürger Antonio Medici von den schlesischen Fürsten einen Schürfbrief für Chrysopras für das gesamte Gebiet Niederschlesien erhielt.

1740 wurde zufällig auf dem Berg Mlynska Góra im Dorf Kozmice, in der Nähe von Zabkovice Slaskie, ein bedeutender Chrysoprasgang in einem Serpentinitfelsen gefunden. Seit dieser Zeit verstärkt sich die Suche nach Chrysopras. Besonders intensiv wurde im Gebiet von Wzjóra Szlaskie im NO von Zabkowice Slaskie prospektiert. Die Suche wurde untertage mit Hilfe von Schächten und Stollen durchgeführt.

Die gegen Ende des 19. Jahrhunderts entdeckten Chrysoprasvorkommen im Mittelural (UdSSR) und im West-Oregon (USA) konnten den Vorrang niederschlesischer Chrysoprase auf dem Weltmarkt nicht brechen. Erst die im Jahre 1960 entdeckten Chrysoprasablagerungen im Marlborough Creek (Australien) wurden sowohl hinsichtlich der Qualität als auch der Quantität zum ernsten Kokurrenten für niederschlesische Chrysoprase.

An vielen Orten Europas findet man Gegenstände, die mit niederschlesischem Chrysopras verzeirt oder aus ihm gefertigt wurden. Im Schloss Sans-Soucis in Potsdam verzierte Friedrich II. von Preussen den sogenannten Chrysoprassaal mit Material aus Schlesien und in seinem Alten Palais brachte er zwei Tische mit Chrysoprasplatten unter. In der St. Wenzel Kapelle in Prag kann man ein aus Chrysopras gefertigtes Mosaik bewundern. Einzelne, mit Brillanten geschmückte Exemplare von Armbändern und Ringen aus Chrysopras haben sich in der Schatzkammer des Kreml in Moskau bis heute erhalten. Ein besonders bedeutsames Chrysoprasvorkommen ist das Szklary Massiv, wo seit Ende des 19. Jahrhunderts in der zu diesem Zweck gegründeten Grube Marta Nickelerze abgebaut werden.

Geologische und mineralogisch-petrographische Literatur über Chrysoprasablagerungen in diesem Gebiet ist außerordentlich reichlich,die bereits im 17. Jahrhundert begannen.

Das Problem der Farbursache niederschlesischer Chrysoprase ist bis heute nicht zweifelsfrei gelöst.

### 3.7.2. Farbursachen von Chrysopras (Z.Dt.Gemmolog.Ges.,1989, S 32)

Anfangs stand der Begriff Chrysopras für verschiedene Minerale von grüner Farbe und kryptokristalliner Struktur. Erst Lehmann(1775)schrieb den Begriff strukturellen Modifikationen der in Niederschlesien auftretenden Kieselerde zu. Klapproth (1788) verband die grüne Farbe von Chrysopras mit Nickelverbindungen und (1981)bezeichnete man ihn als Chalcedon. Mit dem methodischen Fortschritt wurden die Meinungen über die Ursache der Färbung von Chrysopras allmählich konkreter, doch es fehlte an Übereinstimmung der aufgestellten Hypothesen. Dana (1911) verband zum ersten Mal die Farbe von Chrysopras mit einem Nickel(II)-Oxid, nämlich Bunsenit.Andere Autoren banden die Färbung an Nickelsilikate vom Typ Garnierit und Saponit. Die seit Jahren andauernde Diskussion über die physikalischen Grundlagen der Chrysoprasfärbung erbrachte weitere Arbeiten, die sich sowohl mit den physikalischen Prozessen als auch dem Gesichtspunkt der Farbempfindung beschäftigen.

### 3.7.3. Farbmessung (Z.Dt.Gemmolog.Ges.,1989, S 33 ff)

Die Beurteilung der Farben der untersuchten Chrysoprasproben aus Niederschlesien wurde für die Untersuchung zur vorliegenden Arbeit mit der spektralphotometrischen Methode durchgeführt. Die gemessenen Werte der Reflexionsgrade wurde in Abhängigkeit von der Wellenlänge in 20 nm-Abständen mit den Werten der relativen Spektralverteilung normaler Lichtquellen und trichromatischen Spektralmaßzahlen multipliziert.Die untersuchten Proben weisen eine mikrokristalline Struk tur auf. Vereinzelt konnten im Bereich der Chalcedonmasse größere Quarzkristalle mit ausgeprägten Wachstumszonen beobachtet werden. Weiterhin treten zerrissene, säulige Amphibole der Aktinolithreihe sowie kleine Chloritplättchen auf.

Im Infrarotspektum konnten Phasen von Tridymit und Cristobalit sowie Banden, die vermutlich von Ni-Saponit und Chlorit stammen, analysiert werden. Es besteht kein Zweifel, dass Nickel für die grüne Farbe von Chrysopras verantwortlich ist. Chemische Untersuchungen ergaben einen Nickeloxidgehalt von 0,336 Gew.-% NiO.Neben Nickel konnten Fe, Cr,Cu, Mg, Mn, Al,Ti und Co qualitativ durch Mirosondenanalysen nachgewiesen werden. Weiterhin konnte beobachtet werden, dass Ni unregelmäßig in der Probe verteilt ist. Isolierte Aggregate mit bedeutenden Nickelgehalten besitzen Korngrößen von ca. 6 nm. Ein wesentliches Problem stellt die Bestimmung der Oxidationszahl und der Position von $Ni^2$-Signale in den untersuchten Chrysoprasproben vom Sklary Massiv. Diese Tatsache bestätigt die grüne Farbe durch die Nickelsilikate.

### 3.8. Amethyst (Z. Dt.Gemmol.Ges.49/2, 2000, S 65 ff)

#### 3.8.1. Farbgebung im Quarz

In der Erdkruste ist Fe mit etwa 6 Gew.% das einzige Übergangselement von nennenswerter Häufigkeit. Die Übergangselemente können wegen ihrer Elektronenstruktur in der Wechselwirkung mit ihren Koordinationspartnern - in den "gesteinsbildenden" Mineralen vor allem mit Sauerstoff oder Hydroxylgruppen [OH] - im Spektrum des sichtbaren Lichtes bestimmte Wellenlängenbereiche absorbieren, wodurch dem menschlichen Sinn das Restlicht komplementär gefärbt erscheint.
In Goethit und Lepidokrokit($\alpha$- und $\gamma$-$Fe^{3}$ OOH) ist dreiwertiges Eisen mit je 3 Sauerstoff- und Hydroxyl-Partnern oktaedrisch koordiniert. Diese Minerale sind gelb, braun bis rotbraun. Im Hämatit($\alpha$-$Fe^{3}{}_{2}O_3$)sind die Eisenlonen nur mit Sauerstoffpartnern koordiniert. Weil Sauerstoffionen etwas leichter als Hydroxylionen polarisierbar sind, verschiebt sich die Lichtabsorption aus dem blaugrünen Bereich stärker ins Grün.
Hämatit ist im durchfallenden Licht, wie sein Name sagt,blutrot. Enthält ein Mineral Eisenionen in gemischter 2- und 3-Wertigkeit wie Magnetit $Fe^{3}{}_{[4]}(Fe^{2}Fe^{3}{}_{[6]}O_4$, bewirken "Elektronenübergänge" zwischen den Bindungspartnern überaus starke Lichtabsorption im gesamten Spektralbereich. Magnetit erscheint schwarz (opak).
Gesteinsbildende Silikate,Olivine,Pyroxene,Amphibole und Biotite, enthalten 2- und 3- wertiges Fe. Schon wenige Masse% Eisen bewirken hier wegen der Ladungsübergänge intensive Färbung.Je nach dem Koordinationspartnern und dem Verhältnis von $Fe^2$ zu $Fe^3$, spielen die Farben von Braunrot (Staurolit) über Gelb und Grün bis hin zum Blau(Glaucophan).
Das wesentliche Strukturelement von Quarz sind [$SiO_4$]-Tetraeder-Wendeln parallel der c-Achse mit einer Identitätsperiode von 3 Tetraedern. Sie können entweder links- oder rechtsgewunden sein. Quarz ist enantiomorph. Die 3 Siliziumpositionen der Tetraederspiralen: werden durch die Schraubenachse 3, die innerhalb der Wendel verläuft, ineinander überführt. 6 Wendel hüllen Zwischenplatz-Kanäle ein. In c-Richtung folgen hier vierfach verzerrt mit Sauerstoff koordinierte Interstitien aufeinander. Je zwei Interstitien können kantenverknüpft als 6-fach verzerrt koordinierte Zwischenplätze aufgefasst werden.
Im Gegensatz zu Aluminium, das die Rauchquarzzentren erzeugt, bildet det Eisen nicht nur Amethyst-Farbzentren sondern begünstigt oder bedingt sogar auch andere Strukturfehler. Dabei entstehen metastabile Elektronen-Donator/Akzeptor-Zentren, die bei thermischer Aktivierung ab etwa 300° wieder gelöscht werden.

### 3.8.2. Amethystfarbzentrum (Z.Dt.Gemmol.Ges.49/2,2000, S 74 f)

Zur Untersuchung wurden Polarisationsmikroskopie (POLMI), Infrarot-Spektroskopie(IRS) mit Tieftemperaturzelle,Röntgentopographie, Atom-Absorptions-Spektroskopie(AAS) und Elektronen-Spin-Resonanz-Spektroskopie (ESR) eingesetzt. ESR gibt Information über Verteilung und relative Häufigkeit von Punktdefekten mit wenigstens einem ungepaarten Elektron in der Quanzstruktur. Quarz ohne solche Defekte gibt kein ESR-Signal. Der Fehler beträgt bei Messungen am Einkristall>3%.

Absolute Daten der Fe-Konzentration müssen jedoch mit AAS gewonnen werden. Eine Darstellung und Diskussion der Resultate angegeben.

Die Wachstumskinetik bedingt verschiedene Formen der Ungleichverteilung von Basisdefekten. Über die Grenzen der Wachstumssektoren, hinweggehende zonare Verteilung deutet auf zeitlich diskontinuerliche im<c>Sektor mit seinen hohen Verschiebungsgeschwindigkeiten,gehen auf Segregation und Querdiffusion von Verunreinigungen in der Grenzschicht infolge konstitutioneller Übersättigung zurück.

Zwischen verschiedenen Wachstumssektoren ergibt sich Ungleichverteilung wegen der verschiedenen Strukturen ihrer Grenzflächen zur Mutterphase hin. Innerhalb eines bestimmten Wachstumssektors kommt es auf den drei Äquivalenten Si-Positionen zu inäquivalenter Substitution durch Fe. Sie sind nut im Innern der Quarzstruktur äquivalent. In der Kristalloberfläche wird die Äquivalenz durch die Flächensymmetrie gebrochen. Besonders spektakulär ist dieser Effekt in den <T> und <Z>Sektoren.

Si(1),dessen Sauerstoff-Koordinationstetraeder mit einer Spitze aus der aus der Netzebenenscheibe in die Grenzschicht hineinragt, wird stark durch Fe substituiert.

Si(2),mit einer Tetraederkante aus der Netzebenenscheibe in die Grenzschicht einschneidend, wird nut gering und

Si(3), mit einer Tetraederfläche parallel zur Grenzschicht und mit einer Spitze in die Struktur hineingreifend, wird ebenfalls nur gering durch Fe substituiert. Nur im Wachstumssektor des Basispinakoids ergeben sich wegen der Flächensymetrie gleiche Substitutionswahrscheinlichkeiten.

Symetrisch äquivalente Wachstumssektoren ein-und desselben Kristalls können sich im Fe-Gehalt unterscheiden, wenn ihre Grenzflächen im Wachstumsraum unterschiedlich orientiert waren und deswegen von der strömenden Mutterphase verschieden ernährt wurden.

Abweichungen vom ideal ebenen Flächenwachstum. Dieser Effekt des vergröberten Wachstums ist bei der Zucht aus $NH_4F$-Lösung auf [0001]-Flächen besonders deutlich.

3.8.3. Farb(Fe) - Ungleichverteilung (Z.Dt.Gemmol.Ges.49/2, 2000, S 74 ff)
Die Anlagerungsbedingungen jedes einzelnen Fremdbausteins sind für die Ungleichverteilung verantwortlich und diese bleiben bei fortschreitendem Wachstum in der Struktur eingefroren, solange die Temperatur nicht zur Aktivierung der Eisendiffusion ausreicht. Auf die Symetriebrechung durch Ungleichverteilung von Eisen reagiert besonders empfindlich die Kristalloptik. Bei Amethyst manifestiert sich das durch anomale optische Zweiachsigkeit und Trichroismus.
Analyse und Diskussion des Zwillingsgefüge von Amethyst sind wegen Aufstellungs- und Indizierungsproblemen im trigonal/hexagonalen Kristallsystem, wegen der Enantiomorphie von Quarz und wegen des unterschiedlichen Kohärenzcharakters der in Frage kommenden Dauphiné- und Brasilien-Zwillingsgrenzen kompliziert.

Quarzkristalle, die unter vergleichbaren Bedingungen wachsen, entwikkel in der Regel vergleichbare Zwillingsgefüge. Deshalb ist die Störung des streng periodischen Kristallbaus durch diese Zwillingsfehler auch im Röntgenbeugungsbild erkennbar. In Laue-Aufnahmen senkrecht c zeigen sich beim Durchstrahlen von Bereichen mit Brewster-Bändern zwei Systeme diffuser Beugung, die besonders in der Nähe des Primär-Strahls auffallen.

Graetsch konnte im Röntgenpulverdiagramm von Chalzedon erstmals den Nachweis für zusätzliche diffuse Interferenzen bringen, die, wie bei Amethyst, auf nanoskopische Brasilien-Verzwillingung zurückzuführen sind. Während in diesen Fällen die lamellare R/L-Verzwillingung eindimensional ungeordnet als Stapelfehler auftritt, liegt in der Kristallstruktur von Moganit eine geordnete R/L-Abfolge von Netzebenenscheiben vor. Hier ist die Struktur der Brasilien - Zwillings-Grenze von Quarz das Strukturprinzip einer eigenen neuen $SiO_2$-Phase.

Das bestätigt die Ergebnisse, die mit TEM und Röntgentopographie gewonnen haben, an repräsentativeren Volumbereichen als mit TEM möglich ist. Mit erheblichem Zeitaufwand lassen sich auch monochromatische Röntgen- Präzessions- oder -Weißenberg - Aufnahmen machen, mit denen die Interpretation leichter fällt als mit dem TEM.

3.9. Apokalyptische Steine im Überblick

Im Nephrit wird die güne Farbe durch Mangan(Mn) und Eisen(Fe) veranlasst. (Eppler W.F., Praktische Gemmologie, 1973, S 270)

Beim Lapis lazuli(Lasurstein) ist die blaue Färbung durch den Schwefel maßgebend. (Schumann Walter, Edelstein und Schmucksteine, 1995, S 172)

Für die Rotfärbung des Granat sind die "Spurenelemente" von Eisen und Chrom ausschlaggebend. (Eppler W.F.,Praktische Gemmologie, 1973, S 185,190) Das Grün des Grossular wird durch Chrom hervorgerufen. (Eppler W.F.,Praktische Gemmologie, 1973, S 195)

Im Malachit bewirkt wohl das Kupfer die grüne Färbung. (Schumann Walter, Edelsteine und Schmucksteine, 1995, S 176)

Der Karneol wird durch kleinste Elemente des Eisen (Fe) rot gefärbt. (Schumann Walter, Edelsteine und Schmucksteine, 1995, S 126)

Olivin, Peridot, Chrysolith erhält seine güne Färbung durch geringe Spurenelemente von Eisen (Fayalit $Fe_2[SiO_4]$) und die gelbliche durch geringe Anteile an Nickel (Ni). (Eppler W.F., Praktische Gemmologie, 1973, S 273)

Beim Chrysopras ist Nickel für das sogenannte "Apfelgrün" die farbgebende Substanz. (Schumann Walter, Edelsteine und Schmucksteine, 1995, S 128)

Im Amethyst ist angeblich die Ursache der Farbe noch nicht bekannt, (Eppler W.F.,Praktische Gemmologie, 1973, S 228)während Eisen mit Wirkung von "Höhenstrahlen" für die violette Färbung ausschlaggebend wären. (Schumann Walter, Edelsteine und Schmucksteine, 1995, S 118)

Flusspat erhält das Grün durch Spurenelemente von Yttrium. (Eppler W.F., Praktische Gemmologie, 1973, S 335)

Aus dieser Zusammenstellung geht hervor, dass es unmöglich ist, die Frage eindeutig zu beantworten was in den Edelsteinen die Farbgebung bewirkt, noch eine "exakte" Bestimmung der Farben zu gewinnen, oder eine farbliche Zuordnung aufzulisten.
Tabellen von Edelsteinfarben werden in der Gemmologie reichlich angeboten und vermitteln einen guten "Überblick" über die jeweiligen Farben, aber nach der "Ursache" welche Einflüsse oder Spurenelemente für die Farbtönung ausschlaggebend sind, wird kaum gefragt.

Schlusswort

Der Aufsatz aus extraLapis No.13,1993,S 6/7, versucht ein wenig Licht in die Namensgebung der Edelsteine zu bringen. Am Beispiel des sehr früh gefundenen Topas wird das dargelegt.

Der erste bekannte Topas (fluorhaltiges Aluminiumsilikat), war im ägyptischen Schmuck aus dem Zeitraum 1580 - 1350 v.Chr. Schon seit ein paar tausend Jahren wird nach Flint,Türkis und Kupfer gegraben - und auch nach Zinn -. Und damit ist eine wichtige Spur entdeckt:Topas und Quarz sind häufige Begleiter von Zinnerzen.

Sydney H. Ball(1950) hat in seiner sorgfältigen Arbeit über Plinius Secundus einige Namen ausgemacht, die für Topas stehen könnten: chrysolithos (griechisch "Goldstein", der heutige Olivin bzw. Peridot), leucochrysos (weißgolden) und lyncurium. Alle drei Beschreibungen können auf den "Topas" schließen lassen. Farblose Topase mögen auch unter crystallus und pangonius gelaufen sein; letzterer soll flächenreicher und nicht länger als ein Finger gefunden werden.Lynchis (griechisch = Licht, Leuchte) sei von großer Schönheit und habe die Farbe einer Kerzenflamme; man fände ihn in Karien (heute Türkei), die schönsten kämen aber aus Indien (also auch aus dem heutigen Pakistan).

Bei Hans Lüschen, Namen der Steine, 1979[2], S 241, werden drei Arten unterschieden:

Erstens iacintus rubeus oder granatus, roter oder granatfarbener Hyazinth, unser Rubin.

Zweitens iacintus citrinus, gelber Hyazinth, unser gelber Korund.

Drittens iacintus venetus oder saphirinus, blauer oder saphirfarbener Hyazinth, unser Saphir.

Eine umfassende Farbauswertung kann nach bisherigem, wissenschaftlichem Stand noch nicht erfolgen. Lediglich ein Ansatz hinsichtlich der Namensherkunft wie auch der Farbursache wurde unternommen, die zu weiterem Suchen und Forschen auffordern. Auch die Bearbeitung von Plinius Secundus bachte keine neuen Erkenntnisse.